Stephan Zelewski

Komplexitätstheorie

Programm Angewandte Informatik

Herausgeber/Editors
Paul Schmitz
Norbert Szyperski

Wulf Werum/Hans Windauer:
Introduction to PEARL
Process and Experiment Automation Realtime Language

Joachim Kanngiesser:
Die Abrechnung von ADV-Systemleistungen

Eric. D. Carlson/Wolfgang Metz/Günter Müller/
Ralph H. Sprague/Jimmy A. Sutton:
Display Generation and Management Systems (DGMS)
for Interactive Business Applications

Bernd Rosenstengel/Udo Winand:
Petri-Netze, Eine anwendungsorientierte Einführung

Paul Schmitz/Heinz Bons/Rudolf van Megen:
Software-Qualitätssicherung — Testen im Software-Lebenszyklus

Christina Tiedemann:
Kostenrechnung für Rechenzentren

Norbert Szyperski/Margot Eul-Bischoff:
Interpretative Strukturmodellierung

Günther Becher:
Datenverarbeitung im Luftverkehr

Gerd Wolfram:
Bürokommunikation und Informationssicherheit

Dieter Euler/Ralf Jankowski/Andreas Lenz/
Paul Schmitz/Martin Twardy:
Computerunterstützter Unterricht

Stephan Zelewski:
Komplexitätstheorie

Stephan Zelewski

Komplexitätstheorie

als Instrument zur Klassifizierung und Beurteilung von Problemen des Operations Research

Springer Fachmedien Wiesbaden GmbH

CIP-Titelaufnahme der Deutschen Bibliothek

Zelewski, Stephan:
Komplexitätstheorie: als Instrument zur
Klassifizierung und Beurteilung von
Problemen des Operations Research /
Stephan Zelewski. — Braunschweig;
Wiesbaden: Vieweg, 1989
   (Programm Angewandte Informatik)

ISBN 978-3-528-03608-9   ISBN 978-3-663-06863-1 (eBook)
DOI 10.1007/978-3-663-06863-1

Vorwort

Im Rahmen der Komplexitätstheorie wird versucht, die Schwierigkeit von Problemen durch den Ressourcenverzehr zu messen, der durch die Problemlösung verursacht wird. Zur Untersuchung dieser Problemschwierigkeit („Komplexität") werden der Lösungsaufwand für den schlechtest denkmöglichen Fall (worst case-Analysen) oder der durchschnittlich zu erwartende Lösungsaufwand (average case-Analysen) betrachtet. Wesentliche Analysekonzepte der Komplexitätstheorie stellen Entscheidungsprobleme und Turing-Automaten dar. Auf ihrer Grundlage lassen sich Komplexitätsklassen von Problemen bilden. Diese Problemklassen und die ihnen zugehörige Problemschwierigkeit bilden ein Fundament, aus dem Empfehlungen für erfolgversprechende Lösungsalgorithmen abgeleitet werden können.
Einen Schwerpunkt bildet die Klasse der NP-vollständigen Probleme. Sie zeichnen sich dadurch aus, daß ihre Lösung einerseits besonders aufwendig ist. Andererseits besitzen sie für die Bewältigung zahlreicher praktisch interessanter Aufgaben aus dem Bereich des Operations Research eine herausragende Rolle. Hierzu gehören beispielsweise die Planung von Transportrouten, das Festlegen von Standorten für Auslieferungslager oder die innerbetriebliche Belegung von Maschinen mit Fertigungsaufträgen. Es werden neuere Erkenntnisse der Komplexitätstheorie vorgestellt, welche die Klasse NP-vollständiger Probleme intern differenzieren und über sie hinausführen. Einschränkungen solcher Analysen werden anhand mehrfacher Validitätsprobleme aufgezeigt.
Die Bedeutung komplexitätstheoretischer Analysen wird aus der Perspektive des Operations Research an zwei Beispielen konkretisiert. Aktuelle Entwicklungen auf dem Gebiet der linearen Optimierung verdeutlichen das Spannungsverhältnis zwischen theoretisch ausgerichteten worst case-Untersuchungen und praktisch orientierten average case-Untersuchungen. Hierbei werden der Simplex-Algorithmus einerseits sowie der Khachiyan- und Karmarkar-Algorithmus andererseits einander gegenübergestellt. Zweitens wird anhand eines graphentheoretisch fundierten Problems aus der Petrinetz-Theorie aufgezeigt, daß komplexitätstheoretische Problemuntersuchungen selbst sehr schwierige (Meta-)Probleme darstellen können. Ihre Lösung stellt mitunter einen fesselnden, sich in mühseligen Teilschritten vollziehenden und von kontroversen Debatten begleiteten Prozeß wissenschaftlicher Erkenntnissuche dar.

Köln, im November 1988 *Stephan Zelewski*

Inhaltsverzeichnis

Seite

Abbildungsverzeichnis

Seite

1 Einführung in den aufwandsbezogenen Komplexitäts-begriff

Die Komplexität von Problemen kann - ausgehend von einer gemeinsamen systemtheoretischen Betrachtungsweise[1] - auf zwei grundsätzlich verschiedenen Ebenen untersucht werden. Auf der ersten Ebene wird die Struktur von Systemen analysiert, auf der zweiten dagegen ein spezieller Aspekt des Systemverhaltens.

Der strukturorientierte Ansatz geht davon aus, daß Probleme, die es in der Realität zu lösen gilt (Realprobleme), auf Modelle abgebildet werden. Diese Modelle werden formalsprachlich als Systeme beschrieben (Idealoder Formalprobleme). Die Komplexität eines modellierten Problems läßt sich durch Größen messen, die auf die Struktur des Systems Bezug nehmen[2]. Sie stellen Indikatoren[3] zur Operationalisierung eines intuitiven Kom-

---

1) Vgl. zu abweichenden, hier nicht weiter berührten Komplexitätskonzepten z.B. Savage (1976), S. 9ff.

2) Vgl. Luhmann (1980), Sp. 1064.

3) Beispielsweise dienen als Indikatoren der Modellkomplexität: die Anzahl der elementaren Modellkomponenten - z.B. die Konstanten und Variablen eines mathematischen Modells - (Elemente-Varietät), die Anzahl und Art der Attribute, die diesen Komponenten jeweils zukommen (Attribute-Varietät), die Anzahl und Art der Relationen, die zwischen diesen Komponenten definiert sind (Konnektivität), die Anzahl und Art von übergeordneten Komponenten- (z.B. Variablen mit charakteristischen Definitionsbereichen) und Relationengruppen (z.B. Relationen unterschiedlicher Stelligkeit oder Funktionen verschiedenen Grades) oder die Anzahl und Art möglicher Systemzustände (Variabilität). Neben die Deskriptoren "Anzahl" und "Art" können auch die Unschärfe, Unvollständigkeit oder Widersprüchlichkeit der vorgenannten Systemaspekte als Komplexitätsindikatoren treten. Vgl. hierzu Ulrich (1970), S. 116f.; Beensen (1971), S. 11f.; Kawamura (1977), S. 347; Pfohl (1977), S. 254; Kirsch (1978), S. 142f.; Luhmann (1980), Sp. 1065; Szyperski (1983), S. 4f.; Ernst (1984), S. 16.

plexitätsverständnisses[4] dar, das Komplexität mit
quantitativer und qualitativer Vielfalt[5] assoziiert.
Dieser vielfaltsbezogene, strukturorientierte Komplexitätsbegriff herrscht in Beiträgen vor, die sich mit der
konstruktiven Gestaltung von Systemen und Modellen be-
fassen[6].

Das verhaltensorientierte Konzept setzt die Abbildung von Realproblemen auf Modelle voraus. Es bezieht
den Komplexitätsbegriff jedoch auf ein erweitertes Sy-
stemkonzept, das sowohl das problemabbildende Modell
als auch die Klasse der Algorithmen umfaßt, die zur Lösung des Modells angewendet werden können. Gegenstand
der Komplexitätsanalyse ist das Systemverhalten beim
Versuch der Modellösung. Die Komplexität eines modell-
lierten Problems wird durch den Ressourcenaufwand gemessen, der zum Auffinden der gesuchten Lösungen oder
zum Nachweis ihrer Nichtexistenz erforderlich ist[7].
Mit diesem Komplexitätsbegriff wird die intuitive Auf-
fassung operationalisiert, die Komplexität eines Problems sei mit der Schwierigkeit seiner Lösung[8] verknüpft.

---

4) Vgl. zur Schwierigkeit, das intuitive Komplexitäts-
   verständnis zu operationalisieren, Luhmann (1980),
   Sp. 1065, der so weit geht, Komplexität als einen
   Reflexionsbegriff zu bezeichnen. In einem solchen
   Begriff werde "... reflektiert (oder mangels Refle-
   xion unbestimmt gelassen), daß der ausgearbeitete
   Begriff selbst zu komplex (!, Anmk. des Verf.) wird
   für forschungsmäßige Verwendung."

5) Vgl. annähernd Simon (1962), S. 468.

6) Vgl. z.B. Ulrich (1970), S. 116f.; Pfohl (1977), S.
   254; Kirsch (1978), S. 142f.

7) Vgl. Parker (1982a), S. 4.

8) Der Prozeß der Problembewältigung, der entweder die
   gesuchten (Modell-)Lösungen generiert oder deren
   Nichtexistenz aufzeigt, wird fortan vereinfachend
   als Problemlösung angesprochen.

Der aufwandsbezogene, verhaltensorientierte Komplexitätsbegriff liegt der Komplexitätstheorie[9] zugrunde, die seit Beginn der sechziger Jahre als selbständige Erkenntnisrichtung etabliert wurde[10]. Es könnte eingewendet werden, die Komplexitätstheorie befasse sich nicht mit der Komplexität von Problemen, sondern mit der von Algorithmen. Ein solches Argument ließe sich auf die nachfolgenden Ausführungen zur algorithmischen Problemlösung und auf die Anmerkungen[11] zur Validitätsproblematik der Komplexitätstheorie stützen. Dieser Einwand ist jedoch nicht stichhaltig, da in der einschlägigen Literatur explizit die Problemkomplexität als Erkenntnisziel herausgestellt wird[12], auch wenn deren Messung durch den Komplexitätsindikator "Ressourceneinsatz für die Problemlösung" nur indirekt erfolgt.

---

9) Vgl. als Einführungen in die Komplexitätstheorie Cook (1971), S. 151ff.; Karp (1972), S. 85ff.; Karp (1975b), S. 45ff.; Lenstra (1977), S. 343ff.; Paul (1978), 181ff.; Garey (1979), S. 6ff.; Bachem (1980), S. 813ff.; Brucker (1981), S. 26ff.; Parker (1982a), S. 3ff.; Parker (1982b), S. 83ff.; Cook (1983), S. 401ff.; Karp (1986), S. 98ff., insbesondere S. 100f.; sowie die annotierten Bibliographien im Sammelband O'hEigeartaigh (1985) und - als Überblick über aktuelle Forschungsschwerpunkte - die Beiträge in dem Sammelwerk Selman (1986).

10) Vgl. Cook (1983), S. 401; Hopcroft (1984), S. 47; Karp (1986), S. 101.

11) Vgl. Abschnitt 2.7 auf S. 94ff.

12) Vgl. z.B. Rinnooy Kan (1976), S. 139 ("... we usually examine the complexity of the problem ..."); Parker (1982a), S. 4 ("... complexity theory seeks to classify problems in terms ... of the computational resources required to solve the problems") u. S. 7 ("... complexity theory seeks to classify problems, not algorithms").

Die nachfolgenden Ausführungen erstrecken sich nur noch auf das aufwandsbezogene, verhaltensorientierte Komplexitätsverständnis. Diese Einschränkung erfolgt aus der Perspektive einer gestaltungsorientierten Ausrichtung des Operations Research (OR)[13]. Sie verfolgt als primäre Intention bei der Auseinandersetzung mit realen Problemen nicht deren Abbildung, sonderen deren Lösung. Hiermit wird nicht die große Bedeutung bestritten, welche der Abbildung von Realproblemen auf Idealprobleme durch den Prozeß der Modellkonstruktion zukommt. Dieser Prozeß wird hier aber nur als Hilfsmittel, als Vorstufe zur intendierten Problemlösung verstanden.

Der strukturorientierte Komplexitätsbegriff genügt dieser Sichtweise nicht, weil oftmals kein klarer Zusammenhang zwischen der Vielfalt einer Modellstruktur und dem Aufwand für die Modellösung besteht. Als ein extremes Beispiel sei das Vierfarbenproblem angeführt, das auf einfache Weise modelliert werden kann, dessen Lösung aber erst Mitte der siebziger Jahre mit erheblichem Computereinsatz - 1.200 Stunden Operationszeit auf drei Großrechnern - gelang[14].

---

13) Vgl. als Einführungen in die Komplexitätstheorie, die speziell Interessenten aus dem Bereich des Operations Research gewidmet sind, Brucker (1979), S. 73ff.; Bachem (1980), S. 812ff., und Lenstra (1982), S. 201ff. Daß das Komplexitätsverständnis der Komplexitätstheorie zunehmende Beachtung findet, wird auch aus den Beiträgen von Simon (1976), S. 282ff., und Goldberg (1984), S. 43 u. 46ff., deutlich, die komplexitätstheoretische Erkenntnisse aus der Sicht der Künstlichen Intelligenz-Forschung reflektieren.

14) Vgl. Appel (1977), S. 108ff.; Stockmeyer (1979), S. 90.

2 Konzeptionelle Grundlagen der Komplexitätstheorie

2.1 Rückführung der Komplexitätsbetrachtungen auf Entscheidungsprobleme

Ein Entscheidungsproblem[15] ist ein Problem, das zu seiner Lösung die Auswahl zwischen zwei kontradiktorischen Alternativen erfordert. Es wird dem Entscheidungsträger eine Frage unterbreitet, die dieser nur durch ein "Ja" oder "Nein" zu beantworten vermag.

Trotz seiner einfachen Struktur reicht das Konzept der Entscheidungsprobleme aus, um - mittelbar - auch alle Optimierungsprobleme des Operations Research zu umfassen. Wenn ein Optimierungsproblem als Satisfizierungsproblem gegeben ist, wird im korrespondierenden Entscheidungsproblem nach der Existenz einer zulässigen Lösung für das ursprüngliche Satisfizierungsproblem gefragt.

Falls ein Extremierungsproblem vorliegt[16], ist zunächst - unter Vernachlässigung der zu maximierenden oder zu minimierenden Zielfunktion - das Entscheidungsproblem zu lösen, ob für das verbleibende Rumpfproblem mindestens eine zulässige Lösung existiert. Wenn keine solche Lösung existiert, ist das ursprüngliche Optimierungsproblem durch Nachweis seiner Unlösbarkeit bereits bewältigt.

Falls mindestens eine Lösung existiert, wird fortan unterstellt, daß der Nachweis ihrer Existenz konstruktiv erfolgt. Dann kann aus dem Nachweisverfahren die konkrete Gestalt einer solchen Lösung direkt abgelesen

---

15) Vgl. zum Begriff des Entscheidungsproblems Davis (1958), S. 69; Ecker (1977), S. 242; Paul (1978), S. 56; Garey (1978), S. 501; Garey (1979), S. 18; Bachem (1980), S. 817f.; Parker (1982a), S. 8.

16) Vgl. zum folgenden Brucker (1975), S. 4; Ullman (1976), S. 140f.; Ecker (1977), S. 248ff.; Lenstra (1977), S. 344; Lenstra (1978), S. 23; Garey (1979), S. 19 u. 115ff.; Lenstra (1979), S. 124; Bachem (1980), S. 818f.; Lenstra (1982), S. 202.

oder zumindest indirekt rekonstruiert werden[17]. Die Erfüllung der Konstruktivitäts-Prämisse ist keineswegs trivial. Beispielsweise sind indirekte Beweise der Existenz einer Problemlösung nicht-konstruktiv[18]. Denn in solchen Beweisen wird aufgezeigt, daß die kontradiktorische Annahme der Nichtexistenz einer Lösung notwendig zu einem Widerspruch führt, also falsch sein muß. Aus dem logischen Prinzip des "tertium non datur"[19] folgt, daß die zu beweisende Existenz einer Lösung wahr ist. Aus diesem Existenzbeweis läßt sich jedoch im allgemeinen keine Kenntnis einer konkreten zulässigen Lösung ableiten. Solche indirekten Existenzbeweise erfolgen jedoch im Rahmen von OR-Untersuchungen gewöhnlich nicht, da die benutzten Lösungsalgorithmen im Regelfall mindestens eine zulässige Lösung konkret ermitteln (direkte Existenzbeweise).

Wenn sich eine zulässige Lösung konkret angeben läßt, wird der Zielfunktionswert für diese Lösung ermittelt. Das ursprüngliche Rumpfproblem wird um die Restriktion erweitert, daß dieser Wert von keiner zulässigen Lösung unter- oder überschritten werden darf, je nachdem ob das zugrundeliegende Extremierungsziel zum Maximierungs- bzw. Minimierungstyp zählt. Nach dem Konzept der parametrischen Programmierung wird der Ziel-

---

17) Daß diese Prämisse für Optimierungsmodelle (und Lösungsalgorithmen) des Operations Research in der Regel erfüllt ist, geht aus den Ausführungen von Valiant (1978), S. 330, in Verbindung mit den Anmerkungen im Abschnitt 3.1 dieser Arbeit hervor.

18) Vgl. Bachem (1980), S. 815f.

19) Dieses Prinzip trifft strenggenommen nur für die "klassischen" zweiwertigen Logikkalküle zu, welche die beiden Wahrheitswerte "wahr" und "falsch" verwenden. In "mehr"wertigen (präzise: mindestens dreiwertigen) Logikkalkülen gilt es nicht mehr. Zu den zweiwertigen Logikkalkülen rechnen insbesondere die Kalküle der Aussagen- und der Prädikatenlogik 1. Ordnung. Da mit diesen Kalkülen alle bisher untersuchten OR-Probleme behandelt werden können, braucht hier auf mehrwertige Logikkalküle nicht eingegangen zu werden.

funktionswert dieser Restriktion sukzessiv erhöht bzw. erniedrigt.

Für jedes derart modifizierte Rumpfproblem wird das Entscheidungsproblem untersucht, ob mindestens eine zulässige Lösung existiert. Die Konstruktion parametrisch modifizierter Rumpfprobleme und die Beantwortung der zugehörigen Entscheidungsprobleme bricht ab, sobald nachgewiesen wird, daß keine zulässigen Lösungen existieren. Die zuletzt erzeugten zulässigen Lösungen mit bestmöglicher Erfüllung der zugrundeliegenden Zielfunktion stellen dann die gesuchten optimalen Lösungen dar.

Es ist also grundsätzlich möglich, Optimierungs- in lösungsäquivalente Entscheidungsprobleme zu transformieren. Allerdings muß hierbei beachtet werden, daß sich die Klassifizierung der Problemkomplexität nicht invariant gegenüber der Transformation vom einen zum anderen Problemtyp verhalten muß. Eine mögliche Invarianzverletzung kann z.B. für die Klasse der NP-vollständigen Probleme[20] aufgezeigt werden[21]. Die Eigenschaft der NP-Vollständigkeit läßt sich nur für Entscheidungsprobleme nachweisen, da nur für deren Analyse gesichert ist, daß das Konzept der nondeterministischen Turing-Automaten[22] den Lösungsaufwand korrekt wiedergibt. Optimierungsprobleme, die in solche NP-vollständigen Entscheidungsprobleme transformiert werden, müssen dagegen nicht NP-vollständig sein, noch nicht einmal in der - weiter definierten - Klasse NP[23] liegen[24].

Es ist noch ungelöst, ob zur (polynomial beschränkten) Bewältigung eines Optimierungsproblems das Konzept der nondeterministischen Turing-Automaten ausreicht. Daher werden Optimierungsprobleme, deren zugehörigen

---

20) Näheres zu solchen Problemen auf S. 63ff.
21) Vgl. Lenstra (1979), S. 124; Clausen (1986), S. 33.
22) Vgl. S. 59ff.
23) Vgl. S. 51 u. 59ff.
24) Abweichender Ansicht ist French (1982), S. 146.

Entscheidungsprobleme NP-vollständig sind, nur als NP-hart bezeichnet. Dies bedeutet, daß solche Optimierungsprobleme mindestens so schwierig zu lösen sind wie alle anderen Probleme aus der Klasse NP, vielleicht aber auch noch komplexer ausfallen[25]. Dieser Sachverhalt läßt sich dahingehend verallgemeinern, daß aus der nachgewiesenen Komplexität eines Entscheidungsproblems grundsätzlich nur gefolgert werden kann, daß das assoziierte Optimierungsproblem mindestens ebenso komplex sein muß, u.U. aber noch komplexer sein kann[26].

Es läßt sich aber unter einer Voraussetzung[27], die von den meisten "interessanten" Optimierungsproblemen erfüllt wird[28], nachweisen, daß der Lösungsaufwand eines Optimierungsproblems nur polynomial[29] beschränkt größer als der für das zugrundeliegende Entscheidungs-

---

25) Vgl. zu diesem Verständnis NP-harter Optimierungsprobleme Lenstra (1979), S. 124; Garey (1979), S. 19 u. 114ff.; French (1982), S. 148f.; Lenstra (1982), S. 202; Parker (1982b), S. 84, und die Ausführungen zu NP-harten Problemen auf S. 82ff.

26) Vgl. Garey (1979), S. 19.

27) Hierbei handelt es sich um die Bedingung, daß das korrespondierende Entscheidungsproblem NP-komplex ist. Vgl. zur zugehörigen Problem-Klasse NP die Ausführungen auf S. 51 u. 59ff.

28) Vgl. die Anmerkungen auf S. 98 zur NP-Komplexität der meisten "interessanten" Probleme des Operations Research.

29) Ein Polynomial g-ten Grades ist die Erweiterung eines Polynoms g-ten Grades in der Weise, daß jeder Summand eines Polynoms, der nur höchstens eine potenzierte Variable (mit dem maximalen Exponenten g) besitzen darf, durch ein Produkt aus endlich vielen potenzierten Variablen (mit den maximalen Exponenten g) substituiert wird; vgl. Hack (1975), S. 101. Es wird in der Komplexitätstheorie in der Regel ein erweiterter Polynomialbegriff verwendet, der nicht nur die Potenzierung, sondern auch die Logarithmierung von Variablen zuläßt; vgl. z.B. Peterson (1981), S. 118. Abweichender Ansicht sind Jones (1977), S. 280; Paul (1978), S. 91f., und Parker (1982a), S. 4, die logarithmisch beschränkte Komplexitätsfunktionen gleichberechtigt neben polynomial beschränkte stellen. Mitunter wird auch - vereinfachend - der Polynomial- mit dem Polynombegriff identifiziert.

problem ist[30]. Denn mit n als Maß für die Länge der Beschreibung des Entscheidungsproblems und c als einer beliebigen natürlichzahligen Konstanten ist das zugehörige Optimierungsproblem höchstens um den Faktor n^c komplexer als das Entscheidungsproblem.

Für den Sonderfall der Kenntnis einer oberen[31] oder unteren[32] Schranke s für die zu optimierende Zielfunktion[33] ist dieser Lösungsaufwand sogar nur logarithmisch (und damit erst recht polynomial) beschränkt höher[34]. Denn es läßt sich nachweisen, daß das Optimierungsproblem höchstens um den Faktor log s[35] komplexer ist als die Komplexität der korrespondierenden Entscheidungsprobleme, ob jeweils mindestens ein zulässiger Wert der Zielfunktion ober- bzw. unterhalb der Parameter p mit p<s bzw. p>s existiert[36].

Wie unten näher ausgeführt wird[37], gelten seitens der Komplexitätstheorie Probleme als gleich schwierig, wenn sie durch polynomial beschränkte Transformationen aufeinander abgebildet werden können. Also wirkt sich der Transformationsaufwand, der zur Überführung von Optimierungsproblemen des Operations Research in Ent-

---

30) Vgl. Ecker (1977), S. 249.

31) Wenn ein Maximierungsproblem vorliegt.

32) Sofern es sich um ein Minimierungsproblem handelt.

33) Diese Voraussetzung ist für Optimierungsprobleme des Operations Research in der Regel erfüllt.

34) Vgl. zum folgenden Brucker (1979), S. 75 u. 78. Von Brucker wird darüber hinaus gefordert, es müsse sich um ein ganzzahliges Optimierungsproblem handeln. Seine Beweisidee, die auf einer Intervallschachtelung beruht, läßt sich jedoch auf reellzahlige Probleme übertragen.

35) Mit "log" wird der Logarithmus zur Basis 2 bezeichnet. Die o.a. logarithmische Beziehung läßt sich letztlich auf die binäre Codierung der Problemkonstituente "Schranke S" zurückführen.

36) Die Parameter p werden – wie auf S. 6f. dargelegt – als Problemparameter zum Auffinden des Optimums systematisch variiert.

37) Vgl. S. 54.

scheidungsprobleme der Komplexitätstheorie anfällt, im allgemeinen nicht auf Urteile hinsichtlich der Komplexität dieser Optimierungsprobleme aus.

Die komplexitätstheoretische Irrelevanz des Unterschieds zwischen Optimierungs- und korrespondierenden Entscheidungsproblemen läßt sich für eine große Anzahl der oben angesprochenen Optimierungsprobleme, deren zugehörigen Entscheidungsprobleme NP-vollständig sind, auch auf eine andere Weise belegen[38]: Es ist möglich aufzuzeigen, daß sie sich auf Probleme aus der Klasse NP reduzieren[39] lassen. Dann können diese Optimierungsprobleme höchstens so komplex wie NP-vollständige Probleme sein und werden als NP-leichte Probleme bezeichnet. Zugleich sind solche Optimierungsprobleme - wie oben ausgeführt - NP-hart, also mindestens so komplex wie ihre assoziierten NP-vollständigen Entscheidungsprobleme. Da sie sowohl höchstens als auch mindestens so schwierig wie NP-vollständige Probleme ausfallen, besitzen diese Optimierungsprobleme die gleiche Komplexität wie die zugehörigen NP-vollständigen Entscheidungsprobleme. Daher können solche zugleich NP-harten und NP-leichten Optimierungsprobleme, die auch als NP-äquivalent bezeichnet werden, ohne Verzerrung der Klassifizierung ihrer Komplexität durch äquivalente[40] Entscheidungsprobleme ersetzt werden.

Da sich im Regelfall Optimierungs- auf Entscheidungsprobleme zurückführen lassen, wird fortan nur noch auf Entscheidungsprobleme eingegangen. Der Transformationsaufwand wird hinsichtlich der nachfolgenden komplexitätstheoretischen Analysen - unter Beachtung der o.a. Ausführungen - vernachlässigt.

---

38) Vgl. zu den nachstehenden Darlegungen Garey (1979), S. 117; vgl. ansatzweise auch Garey (1978), S. 505; Parker (1982b), S. 84f.

39) Vgl. zum Reduzierungsbegriff und den hieraus folgenden Komplexitätsurteilen S. 63f.

40) Der Äquivalenzbegriff bezieht sich auf die Zugehörigkeit zu derselben Komplexitätsklasse.

2.2 Komplexitätsrelevante Eigenschaften von Entscheidungsproblemen

Da Algorithmen zur Lösung von Entscheidungsproblemen nicht für Unikate definiert sind, sondern sich auf die Lösung von Problemklassen erstrecken, ist der Begriff des Entscheidungsproblems stets als eine abstrakte Bezeichnung für eine Klasse von ähnlichen konkreten Entscheidungsproblemen zu verstehen, die Ausprägungen des gleichen abstrakten Problems darstellen.

Ein Entscheidungsproblem ist "gelöst"[41], wenn seine Entscheidbarkeit oder seine Unentscheidbarkeit bewiesen wurde. Falls keiner dieser beiden Nachweise erfolgt ist, gilt das Entscheidungsproblem als - vorläufig - ungelöst[42]. Zu den ungelösten Entscheidungs(meta)problemen der Komplexitätstheorie gehört die Frage, ob die Klassen der P- und der NP-komplexen Probleme identisch sind. Auf diese Problemklassen wird weiter unten eingegangen[43]. Ein weiteres Problem - das Erreichbarkeitsproblem der Petrinetz-Theorie - galt lange Zeit als ungelöst, konnte aber inzwischen durch den Nachweis seiner Entscheidbarkeit gelöst werden[44].

---

41) Es handelt sich hier um einen metasprachlichen Lösungsbegriff, da er nicht die Lösungen des Entscheidungsproblems auf der Objektebene betrifft. Vielmehr erstreckt er sich auf das Metaproblem der Entscheidbarkeit oder Unentscheidbarkeit des Objektproblems.

42) Bachem (1980), S. 813 u. 840f., vertritt ein abweichendes Verständnis des Lösungsbegriffs. Er identifiziert unlösbare mit unentscheidbaren Problemen. Zur Unterscheidung von dieser Position verwendet der Verf. anstelle des Attributs "unlösbar" das Partizip "ungelöst", zumal ein derzeit ungelöstes Problem der Komplexitätstheorie zukünftig - durch Nachweis seiner (Un-)Entscheidbarkeit - gelöst werden kann, also keineswegs grundsätzlich "unlösbar" ist.

43) Vgl. S. 53ff. u. 59ff.

44) Auf dieses Erreichbarkeitsproblem wird noch mehrfach zurückgekommen; vgl. S. 93 u. Abschnitt 3.2.1, insbesondere S. 111 u. 120ff.

Eine erste Klassifizierung der Komplexität von Entscheidungsproblemen erfolgt durch die Unterscheidung zwischen gelösten und ungelösten Entscheidungsproblemen. Die Versuche zur Bewältigung der letztgenannten haben sich als derart schwierig erwiesen, daß sie bislang erfolglos blieben.

Auf einer zweiten Stufe kann innerhalb der weniger schwierigen Klasse der gelösten Entscheidungsprobleme differenziert werden, ob diese Probleme zur (Sub-)Klasse der entscheidbaren oder der unentscheidbaren Probleme gehören. Als Komplexitäts-(Ersatz-)Maß wird hierbei unterstellt, daß ein Problem schwieriger ist als ein anderes, wenn für das erste kein allgemeingültiger Lösungsalgorithmus existiert, wohl aber für das zweite. Für diese Annahme spricht, daß die Existenz eines allgemeingültigen, stets als endlich vorausgesetzten Lösungsalgorithmus die Lösung aller Problemausprägungen mit endlichem Ressourcenaufwand garantiert. Dagegen läßt sich die Nichtexistenz eines solchen Algorithmus abstrakt in der Weise interpretieren, daß ein Lösungsalgorithmus - sofern er überhaupt formuliert werden kann - unendlichen Ressourcenverzehr erfordern würde.

Ein Entscheidungsproblem gilt genau dann als entscheidbar, wenn mindestens ein (allgemeingültiger, endlicher) Algorithmus existiert, der es gestattet, alle konkreten Problemausprägungen zu lösen. Eine Problemausprägung ist gelöst, wenn bewiesen werden konnte, daß entweder die Antwort "Ja" oder "Nein" für die zur Entscheidung unterbreitete Fragestellung gültig ist.

Für unentscheidbare Entscheidungsprobleme ist dagegen bekannt, daß es mindestens eine konkrete Problemausprägung gibt, bezüglich derer nicht bewiesen werden kann, daß die Antwort "Ja" oder "Nein" gültig ist[45]. Jeder Algorithmus, der zur Lösung solcher Probleme konstruiert würde, wäre also - zumindest bei endlichem

---

45) Vgl. Gödel (1931), S. 174; Bachem (1980), S. 829.

Ressourceneinsatz - nicht allgemeingültig. Aus dem oben vorausgesetzten Meßkonzept folgt daher, daß diese unentscheidbaren Probleme infolge Nichtexistenz eines allgemeingültigen, endlichen Lösungsalgorithmus komplexer als die entscheidbaren Probleme sind.

Die - prima facie paradoxe - Beschäftigung mit unentscheidbaren Entscheidungsproblemen ist keineswegs müßig. Denn es konnte aufgezeigt werden, daß tatsächlich gehaltvolle Entscheidungsprobleme formuliert werden können, die sich nicht entscheiden lassen. Hierzu zählen insbesondere[46]:

---

46) Vgl. zu weiteren unentscheidbaren Entscheidungsproblemen (oder Theorien, innerhalb derer unentscheidbare Entscheidungsprobleme formuliert werden können) Kleene (1952), S. 382ff.; Hermes (1952), S. 188f.; Rogers (1967), S. 24ff., 32ff. u. 95f.; Garey (1979), S. 12; Bachem (1980), S. 840f. Tiefere Einsichten in die Theorie unentscheidbarer Probleme vermittelt Putnam (1973), S. 71ff.
Die voranstehend und in den folgenden Fußnoten angeführten Quellen erstrecken sich nur auf Probleme, die in formalsprachlichen, d.h. rein syntaktisch definierten Entscheidungskalkülen unentscheidbar sind. Der formalsprachliche Ausdrucksreichtum ist bereits groß genug - wie ursprünglich von Gödel aufgezeigt (vgl. hierzu das erste unentscheidbare Problem auf S. 14) -, um solche Entscheidungsprobleme konstruieren zu können. Darüber hinaus zeigt Weizenbaum (1982), S. 99ff., daß sich in einfacher Weise Probleme in semantisch interpretierten Systemen formulieren lassen, die mit formalsprachlichen Instrumenten (den unten näher dargestellten Turing-Automaten) nicht entschieden werden können. Die gesamten komplexitätstheoretischen Ausführungen dieser Ausarbeitung beschränken sich jedoch auf formalsprachliche Kalküle.

- die Gödel- und die Church-/Turing-Variante der Unentscheidbarkeit des Gültigkeitsproblems für den Kalkül der Prädikatenlogik (1. Ordnung)[47],

- die Unentscheidbarkeit des Halteproblems für Turing-Automaten[48] und

- die Unentscheidbarkeit des 10. Problems aus dem Katalog fundamentaler mathematischer Probleme von Hilbert[49].

---

47) Vgl. Gödel (1931), S. 173ff., insbesondere S. 193ff., der den Nachweis der Unentscheidbarkeit erstmals erbrachte (S. 187ff.), allerdings nicht direkt für die Prädikatenlogik, sondern für ein allgemeiner konzipiertes, als formal widerspruchsfrei vorausgesetztes System, das strukturell reichhaltig genug ist, um prädikatenlogische und zahlentheoretische Aspekte zu inkorporieren; Church (1936b), S. 40f., und Church (1936c), S. 101f., der unmittelbar die Unentscheidbarkeit der Prädikatenlogik 1. Ordnung bewies; Turing (1937a), S. 259ff.; Turing (1937b), S. 544ff.; Myhill (1952), S. 180ff.; Davis (1958), S. 127ff.; Lucas (1961), S. 112ff.; Nagel (1964), S. 69ff., insbesondere S. 82ff.; Stegmüller (1973), S. 5ff., insbesondere S. 20ff. u. 27 (in bezug auf Gödel), sowie S. 44f. u. 55ff. (hinsichtlich Church); Boolos (1974), S. 115ff. u. 173ff.; Hermes (1978), S. 165ff.; Hopcroft (1984), S. 34 u. 44.

48) Vgl. Turing (1937a), S. 246ff., insbesondere S. 248 u. 262, der als erster die Unentscheidbarkeit bewies; Burks (1966), S. 52f. u. 124f.; Rogers (1967), S. 24ff.; Brauer (1968), S. 49ff.; Minsky (1971), S. 194ff.; Savage (1976), S. 185ff.; Cohors-Fresenborg (1977), S. 44f.; Hermes (1978), S. 144ff.; Paul (1978), S. 59f.; Hopcroft (1984), S. 45; Zelewski (1986), S. 937ff.

49) Vgl. Hilbert (1900), S. 276; Robinson (1962), S. 12f., die die Unentscheidbarkeit eines Spezialfalls (diophantische Gleichungen mit Exponentialfunktionen) nachwies; Matijasevic (1970), S. 354ff., der erstmals den allgemeinen Unentscheidbarkeitsbeweis erbrachte; Post (1944), S. 288; Davis (1958), S. 102ff.; Davis (1973a), S. 233f. u. 262 i.V.m. S. 237ff. ; Davis (1973b), S. 85, 87 u. 90f.; Cohors-Fresenborg (1977), S. 47ff.; Bachem (1980), S. 841.

Die Unentscheidbarkeit des Gültigkeitsproblems im Sinne von Gödel besagt, daß mindestens eine prädikatenlogische Formel (1. Ordnung)[50] existiert, für die mit keinem Algorithmus bewiesen ("entschieden") werden kann, ob sie hinsichtlich eines Axiomensystems[51] entweder gültig oder aber ungültig[52] ist. Die Unentscheidbarkeit des Gültigkeitsproblems im Sinne von Church und Turing bedeutet dagegen, daß kein Algorithmus existiert, mit dessen Hilfe sich die Gültigkeit jeder prädikatenlogischen Formel hinsichtlich eines Axiomensystems beweisen läßt. Die Gödel-Variante bezieht sich also auf eine partikulare Formel, deren Gültigkeitsstatus unentscheidbar bleibt. Die Church-/Turing-Variante zielt dagegen auf einen generellen Algorithmus für Gültigkeitsbeweise ab[53].

---

50) Prädikatenlogische Formeln ("Prädikate") unterscheiden sich von den im allgemeinen vertrauteren aussagenlogischen Formeln ("Aussagen") dadurch, daß erstgenannte im Gegensatz zu letztgenannten eine innere Struktur aufweisen. Diese Prädikatstruktur wird durch die Zulässigkeit von Variablen, von hieraus abgeleiteten Termen und Funktionen sowie von Quantoren konstituiert. Die Quantoren erlauben es auszudrücken, ob das zugehörige Prädikat für mindestens eine oder aber für alle Belegungen seiner Variablen mit konstanten Werten aus den jeweils zugeordneten zulässigen Wertebereichen gültig ("wahr") ist. Prädikate 1. Ordnung liegen vor, wenn diese Quantoren nur über Mengen unstrukturierter formaler Objekte (z.B. Zahlen) als Wertebereichen definiert sind. Prädikatenlogiken höherer Ordnungen lassen dagegen auch formale Objekte mit inneren Strukturen - etwa Zahlen-Teilmengen oder Prädikate (niederer Ordnung) - zu.

51) Ein solches Axiomensystem besteht aus einer endlichen Menge von Prädikaten, die a priori als gültig unterstellt werden, deren Gültigkeit also nicht mehr aus der anderer Prädikate abgeleitet werden kann.

52) Die Ungültigkeit wird durch Beweis der Gültigkeit der Negat-Formel aufgezeigt.

53) Vgl. zu dieser Differenzierung Turing (1937a), S. 259; Myhill (1952), S. 181.

Die Unentscheidbarkeit des Gültigkeitsproblems für den Kalkül der Prädikatenlogik besitzt zwar für die Analyse formallogischer Kalküle herausragende Bedeutung, spielt jedoch im Hinblick auf Probleme des Operations Research keine besondere Rolle. Dies gilt jedoch nicht für die beiden folgenden Entscheidungsprobleme.

Die Unentscheidbarkeit des Halteproblems besteht darin, daß es keinen "Super"-Turing-Automaten geben kann, der es gestattet, für jeden "gewöhnlichen" Turing-Automaten bezüglich jeder Informationseingabe zu entscheiden, ob dieser Automat:

- entweder nach endlicher Zeit seine internen informationsverarbeitenden Operationen mit der Ausgabe des erwünschten Ergebnisses beendet ("terminiert"), d.h. einen wohldefinierten Haltezustand erreicht[54]

- oder aber seine Operationen unendlich fortsetzt, falls diese nicht nach endlicher Zeit ergebnislos abgebrochen werden.

Auf Struktur und Verhalten von Turing-Automaten wird später näher eingegangen[55].

Die Unentscheidbarkeit des Halteproblems für Turing-Automaten besitzt nicht nur für die Gestaltung abstrakter Automaten und die Berechenbarkeit "exotischer" mathematischer Funktionen[56] Bedeutung. Vielmehr ist sie auch für den Bereich des Operations Research von Interesse. Denn alle Algorithmen, die seitens des Operations Research zur Lösung von Problemen konzipiert werden, lassen sich auf Turing-Automaten zurückführen[57]. Aus der Unentscheidbarkeit des Halteproblems der letztge-

---

54) Näheres zu diesem Haltezustand auf S. 21.

55) Vgl. S. 19ff.

56) Vgl. hierzu die Ausführungen in Fußnote 124) und auf S. 89ff. Beispielsweise läßt sich der Beweis der Unmöglichkeit, die Rado-Funktion zu berechnen, aus der Unentscheidbarkeit des Halteproblems für Turing-Automaten ableiten.

57) Näheres hierzu auf S. 38ff.

nannten folgt, daß grundsätzlich kein "Super"-Algorith-
mus existieren kann, mit dessen Hilfe es möglich wäre
zu entscheiden, ob jeder OR-Algorithmus bezüglich jeder
Problemeingabe in endlicher Zeit terminiert oder aber
in unendliche Operationsfolgen verstrickt wird[58]. Da
als ein notwendiges (aber nicht hinreichendes) Kriterium für die Korrektheit von Algorithmen deren endliche
Terminierung angesehen wird, folgt hieraus die Unmöglichkeit, die Korrektheit aller OR-Algorithmen durch
einen einzigen "Super"-Algorithmus zu veri- oder zu
falsifizieren[59].

Die Unentscheidbarkeit des 10. Problems von Hilbert
bedeutet die Unmöglichkeit, einen Algorithmus zu konstruieren, mit dem für jede diophantische Gleichung mit
ganzzahligen Koeffizienten - präziser: für die Null-
stellen jedes Polynomials mit ganzzahligen Koeffizienten - entschieden werden könnte, ob mindestens eine
ganzzahlige Lösung existiert (oder nicht). Diese Unentscheidbarkeit aus dem Bereich der Zahlentheorie bewirkt
eine Verschärfung des o.a. Unentscheidbarkeits-Resul-
tats für die Prädikatenlogik[60]: Zu jeder Axiomatisierung der Zahlentheorie existiert mindestens eine diophantische Gleichung, die keine ganzzahlige Lösung besitzt. Die Nichtexistenz solcher Lösungen kann aber innerhalb der gegebenen Axiomatisierung nicht bewiesen
werden (Unvollständigkeit jeder axiomatisierten Zahlentheorie).

Aus der Unentscheidbarkeit des 10. Problems von Hilbert folgt die - für das Operations Research fundamentale - Konsequenz, daß kein Algorithmus existiert, mit
dem alle ganzzahligen Optimierungsprobleme gelöst wer-

---

58) Vgl. Minsky (1971), S. 202.

59) Analog läßt sich im Bereich der Softwaretechnologie
    zeigen, daß kein Computerprogramm entworfen werden
    kann, mit dem sich die Korrektheit - die endliche
    Terminierung - aller denkmöglichen Softwareprodukte
    überprüfen ließe; vgl. Minsky (1971), S. 202.

60) Vgl. Davis (1973a), S. 263.

den können. Noch strenger läßt sich nachweisen, daß es
nicht einmal Algorithmen geben kann, die es gestatten,
alle ganzzahligen Optimierungsprobleme mit linearen
Zielfunktionen und quadratischen Restriktionen zu lösen[61]. Dies bedeutet, daß diese beiden Problemklassen
derart komplex sind, daß die Gesamtheit ihrer Probleme
- wenn überhaupt - nur durch die Anwendung unterschiedlicher Algorithmen bewältigt werden kann. Somit folgt
aus der Unentscheidbarkeit des 10. Problems von Hilbert
zwingend eine nicht überwindbare Vielfalt denkmöglicher
- und auch denknotwendiger - OR-Algorithmen.

Fortan werden nur noch entscheidbare Entscheidungsprobleme näher betrachtet. Unentscheidbare[62] und ungelöste Entscheidungsprobleme lassen sich zwar in dem
o.a. Sinn - im Vergleich zu den gelösten, entscheidbaren Problemen - intuitiv als schwieriger qualifizieren.
Doch kann auf die beiden ausgegrenzten Arten von Entscheidungsproblemen der aufwandsbezogene Komplexitätsbegriff nicht oder nur mit Hilfe abstrakter Betrachtungen unendlich großer Ressourceneinsätze angewendet werden. Denn für diese Probleme existieren per definitionem keine allgemeingültigen, endlichen Lösungsalgorithmen, deren Ausführungsaufwand jeweils als Problemkomplexität gemessen werden könnte.

---

61) Vgl. Jeroslow (1973), S. 221ff., insbesondere S.
    223.
62) Vgl. zur betriebswirtschaftlichen Bedeutung unent-
    scheidbarer Probleme neben den bereits auf S. 16ff.
    vorgetragenen Argumenten - mit Schwerpunkt auf Fra-
    gestellungen des Operations Research - Bachem
    (1980), S. 841; Zelewski (1986), S. 937ff.

2.3 Turing-Automaten als allgemeine Instrumente für die Problemlösung

Dem Nachweis der Entscheidbarkeit von Problemen und der Ermittlung des Aufwands, der zu ihrer Bewältigung erforderlich ist, wird seitens der Komplexitätstheorie in der Regel das Konzept der (deterministischen sequentiellen) Turing-Automaten[63] zugrundegelegt[64]. Auf neuere Analysen, welche die Problemkomplexität auf der Basis von nicht-sequentiellen (nebenläufigen, parallelen) Automatenarchitekturen untersuchen[65], wird hier nicht eingegangen. Nondeterministische sequentielle Turing-Automaten werden an späterer Stelle näher dargestellt[66].

Ein deterministischer sequentieller Turing-Automat läßt sich grob als ein symbolisch-informationsverarbeitender, speicherprogrammierter, endlicher Automat beschreiben. Seine Struktur wird im wesentlichen durch einen internen Speicher und einen Schreib-/Lese-Kopf bestimmt, mit dem er auf ein Band als externen Speicher

---

63) Vgl. zu Beschreibungen von Turing-Automaten Turing (1937a), S. 231ff. u. 241ff.; Hermes (1937), S. 114ff., insbesondere S. 118ff.; Kleene (1952), S. 356ff.; Hermes (1952), S. 184ff.; Hermes (1954), S. 49f.; Peter (1957), S. 202ff.; Wang (1957), S. 85ff.; Davis (1958), S. 3ff.; Shepherdson (1963), S. 233ff.; Hartmanis (1965), S. 286ff.; Fischer,P. (1965), S. 570ff.; Putnam (1966), S. 140ff.; Rogers (1967), S. 13ff.; Brauer (1968), S. 12ff.; Minsky (1973), S. 160ff.; Putnam (1973), S. 69ff.; Böhling (1974), S. 8ff.; Herschel (1974), S. 67ff.; Boolos (1974), S. 19ff.; Ottmann (1975), S. 5ff.; Baur (1976), S. 11ff.; Savage (1976), S. 174ff.; Schnorr (1976), S. 96f.; Mehlhorn (1977), S. 190ff.; Zervos (1977), S. 285ff.; Hermes (1978), S. 18ff., 33ff. u. 203ff.; Paul (1978), S. 25ff. u. 62ff.; Garey (1979), S. 23ff.; Brucker (1981), S. 148ff. u. 153ff.; Weizenbaum (1982), S. 80ff., insbesondere S. 88ff.; Hopcroft (1984), S. 34ff.

64) Vgl. Karp (1986), S. 103.

65) Vgl. Cook (1983), S. 405f.; Li (1984), S. 212ff.; Pan (1986), S. 127ff.

66) Vgl. S. 59ff.

zugreift. Das Band ist in linear aneinandergereihte
Felder, in denen jeweils eine Informationseinheit als
Symbol codiert werden kann, eingeteilt und beidseitig
unbegrenzt, um von der Fiktion eines - zumindest potentiell - unbeschränkten Speicherplatzes ausgehen zu können (Ausklammerung von Aspekten der Raumkomplexität)[67].

Die zu schreibenden bzw. zu lesenden Symbole stammen
jeweils aus einem endlichen Alphabet, das mindestens
die Symbole "0" und "1" - oder äquivalente Substitute -
umfaßt. Hinzu kommt zumeist das "nil"-Symbol. Es steht
als Input-Symbol für ein leeres, keine codierte Information[68] enthaltendes Feld, das gelesen wird, oder als

---

67) Obwohl der Turing-Automat selbst endlich konzipiert
    ist, besitzt das Gesamtsystem aus Automat und zuge-
    hörigem Band infiniten Charakter. Insofern stellt
    das Gesamtsystem eine Fiktion dar, die sich physi-
    kalisch nicht realisieren läßt. Dennoch hat sich -
    wie durch nachfolgende Ausführungen belegt wird -
    das Konzept der Turing-Automaten für die Untersu-
    chung realer Probleme als äußerst fruchtbar erwie-
    sen. Dies beruht auf dem Sachverhalt, daß die Un-
    endlichkeit des Gesamtsystems nur potentieller,
    nicht aber tatsächlicher Natur ist. Dies bedeutet,
    daß Turing-Automaten ohne Beschränkungen ihres (ex-
    ternen) Speicherplatzes analysiert werden. Daraus
    folgt keineswegs, daß dieser Speicherplatz tatsäch-
    lich unendlich groß sein muß. Vielmehr wird nur un-
    terstellt, daß der aktuell verfügbare Speicherplatz
    - je nach Bedarf - beliebig vergrößert werden kann.
    Darüber hinaus wird der automateninterne Speicher
    und somit auch das dort vorgehaltene Verarbeitungs-
    programm als endlich vorausgesetzt. (Die Möglich-
    keit der Ein- und Auslagerung von endlichen Teilen
    eines insgesamt unendlichen Programms wird ausge-
    schlossen.) Die potentielle Unendlichkeit des ex-
    ternen Bandspeichers ist nur zur unbeschränkten
    Aufnahme von Zwischenergebnissen erforderlich. Dies
    entspricht einer Problemsicht, die nur auf die Ope-
    rationszeit zur Problemlösung (Zeitkomplexität),
    nicht aber auf den hierfür erforderlichen Speicher-
    platz (Raumkomplexität) abstellt. Vgl. zu diesen
    Aspekten der potentiellen Unendlichkeit des Kon-
    zepts der Turing-Automaten und ihrer Rechtfertigung
    Minsky (1971), S. 157ff.

68) Als informationstragend werden nur alle Symbole des
    jeweils zugrundegelegten Alphabets betrachtet, die
    vom Symbol "nil" verschieden sind.

Output-Symbol für das Unterlassen des Schreibens einer solchen codierten Information auf das Band.

Das Verhalten eines Turing-Automaten wird durch eine endliche Menge zulässiger interner Automatenzustände z_i ($i\in\{1,...,n\}$) und eine partielle Übergangsfunktion f determiniert[69]. Ein ausgezeichneter Automatenzustand ist der Haltezustand z_n, nach dessen Erreichen der Automat keine weitere Operation auszuführen vermag. Die zulässigen Automatenoperationen (Verarbeitungsschritte) werden durch die Übergangsfunktion f beschrieben. Diese ordnet - mit einer Ausnahme - jedem 2-Tupel aus dem Input-Symbol is_k und aus dem aktuellen Automatenzustand z_i ($i\in\{1,...,n-1\}$)[70] ein 3-Tupel aus dem Output-Symbol os_l[71], aus dem Folgezustand z_j ($j\in\{1,...,n\}$) des Automaten und aus der Bewegung b_o des Schreib-/Lese-Kopfes zu. Dieser Kopf kann auf dem Band an seiner alten Position belassen ("n" für "neutrale Bewegung") oder um ein Feld nach links ("l") oder rechts ("r") bewegt werden, nachdem das Output-Symbol auf die Position des zuvor gelesenen Input-Symbols geschrieben wurde[72]. Dementsprechend vermag die Variable b_o jeweils ein Element

---

69) Zustandsmenge und Übergangsfunktion sind automatenspezifisch, d.h. verschiedene Turing-Automaten unterscheiden sich - unter der Voraussetzung gleicher extern vorgegebener Bandspeicher und Alphabete - durch divergierende Zustandsmengen oder Übergangsfunktionen.

70) Da die Übergangsfunktion - und somit das Automatenverhalten - sowohl vom eingelesenen Input-Symbol als auch vom aktuellen Automatenzustand abhängt, zählen Turing-Automaten zur Klasse der Mealy-Automaten. Moore-Automaten zeichnen sich dagegen dadurch aus, daß ihr (Output-)Verhalten nur vom aktuellen Automatenzustand, nicht aber vom eingelesenen Input-Symbol determiniert wird. Vgl. zu diesen beiden Automatenklassen Niemeyer (1977), S. 72.

71) Das Output-Symbol "nil" führt - wie oben dargelegt - zu dem Ausnahmefall, daß keine Information auf das Band geschrieben wird.

72) Das Output-Symbol "nil", welches das Unterdrücken einer solchen Schreiboperation ausdrückt, bedeutet, daß das zuvor gelesene Input-Symbol auf dem Band unverändert erhalten bleibt.

aus der Menge {n,l,r} als Wert anzunehmen. Die Übergangsfunktion ist dagegen für den Sonderfall, daß sich
der Automat aktuell im Haltezustand befindet, - unabhängig vom gerade unter dem Schreib-/Lese-Kopf befindlichen Symbol - nicht definiert[73].

Im internen Speicher wird die Übergangsfunktion f
als Verarbeitungsprogramm des Turing-Automaten vorge-
halten[74]. Dieses Programm nimmt die Gestalt einer endlichen[75] zweidimensionalen Matrix ("Maschinentafel")
an, die alle definierten Fälle der Übergangsfunktion
explizit darstellt[76]. In jedem Matrixfeld wird einem
Input-Symbol is_k (1., spaltenkonstituierende Matrixdimension) und einem Automatenzustand z_i (2., zeilenkon-
stituierende Matrixdimension) das 3-Tupel $f(is_k,z_i)=$
(os_l,z_j,b_o) aus Output-Symbol os_l, nachfolgendem Automatenzustand z_j und Bewegung b_o des Schreib-/Lese-Kop-
fes zugeordnet. Abb. 1 auf S. 23 zeigt die Maschinentafel für einen sehr einfachen Turing-Automaten mit nur
4 internen Zuständen (mit z_4 als Haltezustand), der auf
dem Alphabet A={0,1,nil} operiert.

Die Operationen des Automaten beginnen damit, daß er
in einem beliebigen, aber zulässigen Startzustand auf
ein Feld des Bandes angesetzt wird. Das dort befindli-

---

73) Wegen dieser unvollständigen Definition der Über-
    gangsfunktion wird sie als partiell bezeichnet.
    Vgl. hierzu auch Paul (1978), S. 26.

74) Interner Speicherplatz für das Ablegen von Zwi-
    schenergebnissen existiert nicht. Diese werden
    vielmehr auf das externe Band geschrieben und - bei
    Bedarf - von dort aus wieder gelesen.

75) Es handelt sich um eine endliche Matrix, weil - wie
    nachfolgend ausgeführt - ihre Spalten jeweils einem
    Element aus der endlichen Menge zulässiger Input-
    Symbole entsprechen und weil ihre Zeilen jeweils
    für ein Element aus der endlichen Menge zulässiger
    Automatenzustände (ohne den Haltezustand) stehen.

76) Der Fall des Haltezustands, für den die Übergangs-
    funktion nicht definiert ist, wird implizit dadurch
    erfaßt, daß für diesen Zustand in der Maschinenta-
    fel kein Matrixfeld mit einer Operation als Verar-
    beitungsschritt existiert.

z \ is	0	1	nil
z1	(0,z1,r)	(0,z2,r)	(nil,z3,l)
z2	(1,z3,r)	(1,z2,r)	(nil,z4,n) "HALT"
z3	(nil,z4,n) "HALT"	(nil,z4,n) "HALT"	(nil,z1,r)

(Zeilenbeschriftung: interner Zustand)

Abb. 1: Maschinentafel für einen Turing-Automaten mit
4 Zuständen über dem Alphabet {0,1,nil}

che Symbol wird vom Automatenkopf als Input gelesen oder das Fehlen eines Symbols als Leerfeld registriert. Beide Fälle werden gemäß der Maschinentafel verarbeitet. Hierbei wird eine Information als Output auf das Feld unter dem Schreib-/Lese-Kopf geschrieben (oder hierauf verzichtet), die neue Position des Kopfes ermittelt und das dort vorgefundene Symbol als neuer Input gelesen. Dieser Verarbeitungszyklus wird so lange wiederholt, bis der Haltezustand erzeugt wird und der Automat stoppt. Oder der Automat setzt seine Operationen unendlich fort[77].

Abb. 2.1 u. 2.2 auf S. 25f. veranschaulichen das Verhalten des einfachen Turing-Automaten der Abb. 1 von S. 23 für ein willkürlich beschriftetes Band. Zu diesem Zweck wird die Abfolge der Werte der Übergangsfunktion - ausgehend vom Startzustand bis hin zum Erreichen des Haltezustands - als Unterlegung der korrespondierenden Matrixfelder hervorgehoben. Zugleich werden die Veränderungen der Bandbeschriftung, die Wechsel der internen Automatenzustände und die Bewegungen des Schreib-/Lese-Kopfes dargestellt[78].

---

77) Vgl. hierzu das Beispiel, das in Fußnote 78) beschrieben wird.

78) Würde derselbe Automat in seinem Startzustand nicht wie in Abb. 2 auf das Symbol "1" als ersten Input angesetzt, sondern ein Feld weiter links auf das leere Feld, so ergäbe sich ein unendliches, d.h. niemals anhaltendes Automatenverhalten. Denn der Automat ginge gemäß der Maschinentafel aus dem Startzustand z_1 in den Folgezustand z_3 über, ohne das gelesene Input-Symbol "nil" durch ein Output-Symbol zu überschreiben. Zugleich rückte der Schreib-/Lese-Kopf ein Feld nach links, wo sich wieder keine codierte Information, sondern nur ein unbeschriftetes Feld befindet. Da sich der Automat jetzt im Zustand z_3 befände, reagierte er wie im zuvor beschriebenen Startzustand mit der einen Ausnahme, daß er in den Folgezustand z_1 überginge und hierbei den Automatenkopf um ein Feld nach rechts verschöbe. Hierdurch wäre die Ausgangskonfiguration exakt wiederhergestellt. Daher würde der Automat unendlich oft zwischen den Zuständen z_1 sowie z_3 wechseln und hierbei mit seinem Kopf zwischen den beiden Leerfeldern hin- und herpendeln.

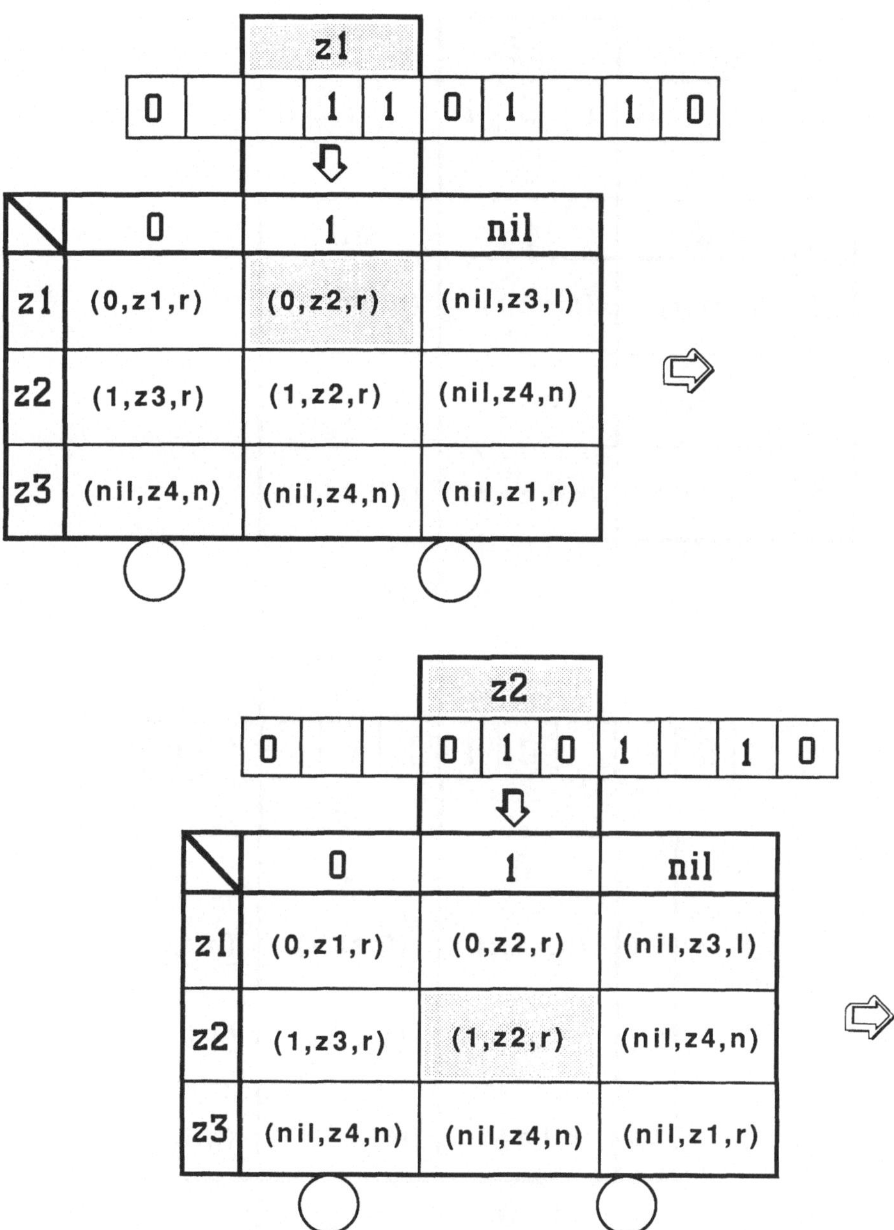

Abb. 2.1: Verhalten des in Abb. 1 (S. 23) durch seine Maschinentafel beschriebenen Turing-Automaten für den Startzustand z_1, eine vorgegebene Bandbeschriftung und ursprüngliche Positionierung des Schreib-/Lese-Kopfes auf dem zu lesenden Symbol "1" (Phasen 1 und 2)

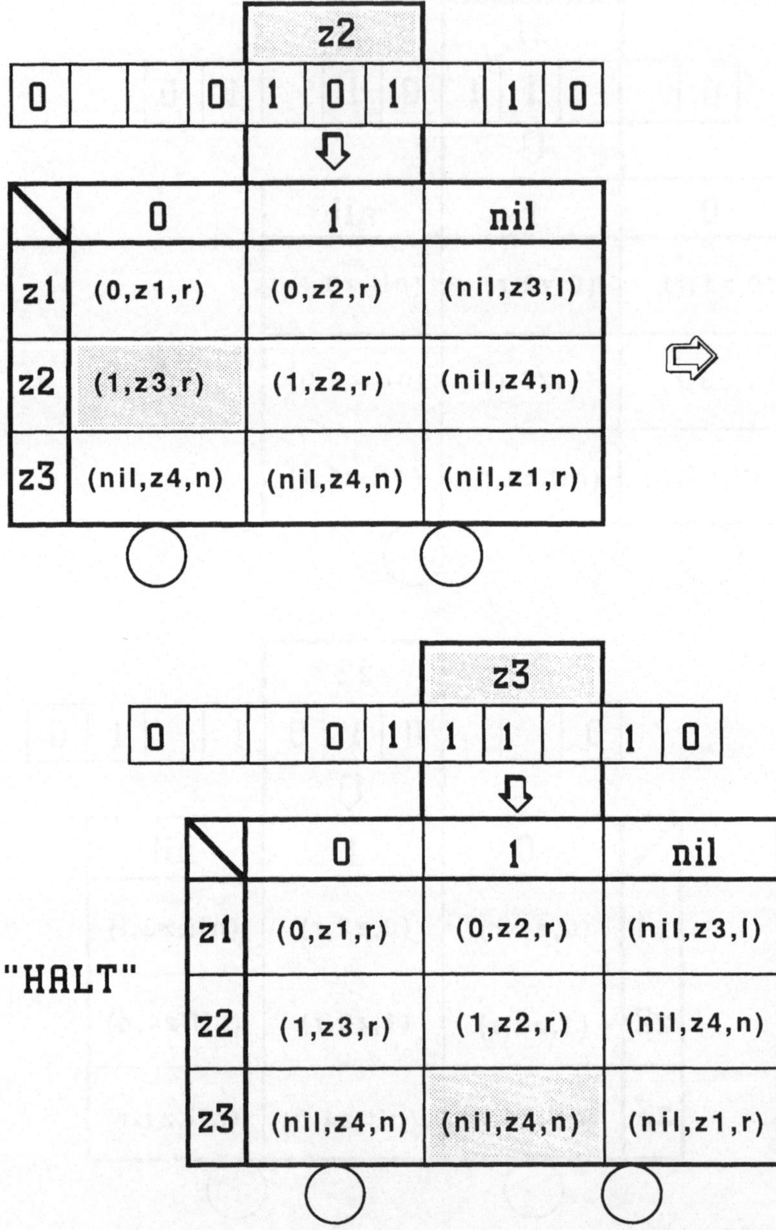

Abb. 2.2: Verhalten des in Abb. 1 (S. 23) durch seine Maschinentafel beschriebenen Turing-Automaten für den Startzustand z_1, eine vorgegebene Bandbeschriftung und ursprüngliche Positionierung des Schreib-/Lese-Kopfes auf dem zu lesenden Symbol "1" (Phasen 3 und 4)

Von dem voranstehend skizzierten Grundkonzept der Turing-Automaten wird nachfolgend ausgegangen. Verfeinerungen dieses Konzepts sind zwar in vielfacher Weise möglich[79], z.B. durch:

- die Zulässigkeit mehrerer Bänder,

- deren ein- oder zweiseitige Begrenzung,

- spezielle Annahmen über die Anzahl oder Eigenart der Automatenzustände,

- größere Zugriffsbereiche oder Schrittweiten der Verschiebung des Schreib-/Lese-Kopfes oder

- differenziertere Automatenalphabete (z.B. Einführung eines "Leer"-Symbols, dessen Output auf dem Band das Löschen einer Informationseinheit ermöglicht, ohne dieses mit einem neuen informationscodierenden Symbol zu beschriften).

Doch die Vielzahl automatentheoretischer Konzepte, die sich auf solche Weise aus dem o.a. Grundkonzept ableiten lassen, bleibt fortan der Übersichtlichkeit halber unberücksichtigt.

---

79) Äquivalente oder spezialisierte Automaten-Konzepte werden beschrieben von: Post (1936), S. 103ff.; Wang (1957), S. 63ff.; Kaphengst (1958), S. 366ff.; Asser (1959), S. 346ff.; Yamada (1962), S. 754f.; Shepherdson (1963), S. 219ff. u. 244ff.; Minsky (1971), S. 178ff., 254ff. u. 319ff.; Schnorr (1974), S. 28f. u. 46ff.; Cohors-Fresenborg (1977), S. 9ff.; Paul (1978), S. 86ff. u. 94ff.; Priese (1979), S. 508ff.; Heinemann (1980), S. 62ff. Alle Automaten-Konzepte der Komplexitätstheorie sind zu Turing-Automaten in der Weise äquivalent (oder deren Spezialfälle), daß sich die ersten auf die zweiten durch polynomial beschränkte Transformationen zurückführen lassen.

Das Konzept der Turing-Automaten wird in der Komplexitätstheorie benutzt, um die Komplexität von Entscheidungsproblemen zu untersuchen. Ein Entscheidungsproblem kann durch einen Turing-Automaten genau dann entschieden werden[80], wenn es mit endlichem Ressourceneinsatz möglich ist, aus der Eingabe der (endlichen) Beschreibung jeder Problemausprägung ein "Ja" oder "Nein" als Problemlösung abzuleiten. Der Ressourceneinsatz erstreckt sich hierbei zunächst[81] nur auf die Operationszeit des Automaten, die zwischen Problemeingabe und Lösungsausgabe vergeht[82].

Die nachfolgenden Ausführungen beziehen sich daher vornehmlich auf den Teilaspekt der Zeitkomplexität[83], der die Operationszeit von Turing-Automaten erfaßt, die zum Auffinden einer Problemlösung aufgewendet werden muß[84]. Hinsichtlich der Ausklammerung des komplementären Aspekts der Raumkomplexität[85] wird unterstellt,

---

80) Wenn ein Entscheidungsproblem durch einen Turing-Automaten nicht entschieden werden kann, dann existiert auch keine andere (uniforme) Prozedur, durch die das Problem entschieden werden könnte; vgl. Putnam (1973), S. 70f.

81) Auf Aspekte einer Beschränkung des Speicherplatzes im Rahmen der Analyse der Raumkomplexität von Problemen wird später auf S. 91ff. eingegangen. Komplexitätsbetrachtungen dieser Art stellen jedoch derzeit nur einen Randbereich komplexitätstheoretischer Forschungen dar.

82) Auf S. 20 wurde dargelegt, daß angesichts des potentiell unendlichen Speicherplatzes von Turing-Automaten, der als unbeschränkter externer Band-Speicher angenommen wird, die Endlichkeit der Ressource "Speicherplatz" keine Berücksichtigung erfährt.

83) Vgl. zum Konzept der Zeitkomplexität Böhling (1974), S. 136ff.; Ecker (1977), S. 54f; Paul (1978), S. 91ff.; Garey (1979), S. 26f.; Brucker (1981), S. 151ff.; Parker (1982a), S. 5.

84) Vgl. zu dieser - komplexitätstheoretisch typischen - Einschränkung Parker (1982a), S. 4.

85) Vgl. zum Konzept der Raumkomplexität von Turing-Automaten Böhling (1974), S. 204ff.; Hopcroft (1974), S. 624; Cardoza (1976), S. 52; Jones (1977), S. 280; Paul (1978), S. 93; Garey (1979), S. 170ff.

daß stets ein zwar endliches, aber beliebig großes An-
gebot von Speicherplatz vorhanden ist. Die trade offs,
die daraus resultieren, daß Algorithmen mit höherem
(niedrigerem) Speicherplatzbedarf in der Regel zu klei-
neren (größeren) Operationszeiten führen, werden nicht
weiter erörtert[86].

Trotz seiner strukturellen Einfachheit nimmt das
Grundkonzept der Turing-Automaten, das voranstehend er-
läutert wurde, eine zentrale Stellung innerhalb der
Komplexitätstheorie ein[87]. Darüber hinaus vermittelt
es aufschlußreiche interdisziplinäre Erkenntnisse. So
stellt es ein Bindeglied zwischen Komplexitätstheorie,
numerischer sowie symbolischer Informationsverarbeitung[88], Metamathematik[89] und formaler Logik dar[90].

---

86) Vgl. hierzu etwa Cook (1973), S. 29ff.; Cook
    (1983), S. 404.

87) Am Rande sei auf den - prima facie erstaunlichen -
    Sachverhalt verwiesen, daß die theoretische Analyse
    der Komplexität von Problemen auf ein übersichtli-
    ches, einfaches Grundkonzept geringer Eigenkomple-
    xität zurückgeführt werden kann.

88) Trotz ihrer unterschiedlichen Struktur und Funkti-
    onsweise läßt sich zeigen, daß alle realen Compu-
    ter-Architekturen auf das Konzept der Turing-Auto-
    maten zurückgeführt werden können, obwohl sie mit
    diesem keineswegs identisch sind; vgl. Kleene
    (1952), S. 377; Yamada (1962), S. 753f.; Savage
    (1976), S. 182; Paul (1978), S. 94ff. i.V.m. S.
    86ff.; Weizenbaum (1982), S. 93; Hopcroft (1984),
    S. 39; vgl. auch die Anmerkung in Fußnote 59) zur
    Bedeutung der Unentscheidbarkeit des Halteproblems
    von Turing-Automaten für die Softwaretechnologie.

89) Die Metamathematik erstreckt sich auf die Analyse
    mathematischer Grundstrukturen, die vor allem im
    Kontext der Zahlentheorie erfolgt; vgl. z.B. Kleene
    (1952) und Stegmüller (1973) (passim). Als ein Bei-
    spiel für diesen Bereich wurde auf S. 14 u. 17 die
    Unentscheidbarkeit des 10. Problems von Hilbert
    vorgestellt.

90) Vgl. die auf S. 14ff. exemplarisch angeführte Un-
    entscheidbarkeit des Gültigkeitsproblems für den
    Kalkül der Prädikatenlogik; vgl. auch ansatzweise
    Rogers (1967), S. 19.

2.4 Die Thesen von Church, Post und Turing

Ein aus der Sicht des Operations Research besonders wichtiger Zusammenhang, der zwischen dem Konzept der Turing-Automaten und der Funktionentheorie besteht, wird durch die These von Church[91] gestiftet. Sie besagt als Implikation: Wenn sich eine Funktion überhaupt - im endlichen Sinne[92] - berechnen läßt, dann muß es sich um eine rekursive Funktion handeln. Da sich darüber hinaus aus der Definition rekursiver Funktionen leicht ableiten läßt, daß auch umgekehrt die Werte aller rekursiven Funktion berechnet werden können, wird postuliert, die Konzepte der berechenbaren Funktionen einerseits und der rekursiven Funktionen anderseits seien äquivalent (koextensiv).

---

91) Vgl. Church (1936a), S. 356ff., der von effektiver Berechenbarkeit (effective calculability) spricht; Turing (1937a), S. 255; Post (1944), S. 285; Kleene (1952), S. 300, 318f. u. S. 332; Shepherdson (1963), S. 217; Putnam (1966), S. 162; Brauer (1968), S. 5; Schnorr (1972), S. 54; Stegmüller (1973), S. 46f.; Cohors-Fresenborg (1977), S. 44; Hermes (1978), S. 31; Bachem (1980), S. 815.
Von Peter (1957), S. 202ff., und Kleene (1952), S. 317ff., wird eine Reihe von Plausibilitätsargumenten erörtert, welche die Church-These stützen; vgl. hierzu auch die Bestätigung der Kontraposition der - im Sinne der Ausführungen auf S. 36ff. erweiterten - Church-These durch die Rado-Funktion (S. 37, 41 u. 90f.). Allerdings wird die Angemessenheit der Church-These durch das Argument bestritten, daß nicht-allgemein-rekursive Funktionen existieren, die sich dennoch berechnen lassen; vgl. Kalmar (1955), S. 93ff.; Peter (1957), S. 223ff. (Dieser Einwand wäre angesichts der u.a. Substitution von allgemein- durch partiell-rekursive Funktionen - vgl. Fußnote 103) - erneut zu überprüfen, doch wird dieser Randaspekt hier nicht weiterverfolgt.) Dem widerspricht Brauer (1968), S. 6, mit der Feststellung, daß bisher jede tatsächlich berechenbare Funktion als allgemein-rekursiv nachgewiesen werden konnte. Von der großen Mehrheit der Experten auf dem Gebiet der Metamathematik wird die Church-These anerkannt; vgl. Brauer (1968), S. 5f.; Stegmüller (1973), S. 71; Schnorr (1974), S. 20; Paul (1978), S. 54. Hiervon wird fortan ausgegangen.

92) Vgl. Turing (1937a), S. 230; Kleene (1952), S. 217.

Der Begriff der berechenbaren Funktion läßt sich zunächst[93] nicht präzise bestimmen. Zwar wird der Sachverhalt, daß eine Funktion berechnet werden kann, mitunter durch die Formulierung ausgedrückt[94], daß ein "effektives" Verfahren zur Berechnung der Funktionswerte für alle Elemente aus dem Definitionsbereich der Funktion existiere[95]. Notwendige Bedingung für das Vorliegen eines effektiven Verfahrens ist, daß es bei endlichem Ressourceneinsatz - also insbesondere auch bei endlicher Zeit der Verfahrensausführung - zu einem Ergebnis führt.

Diese Bedingung ist jedoch zur Charakterisierung eines effektiven Verfahrens noch nicht hinreichend. Denn es wird gewöhnlich zwischen einerseits "esoterischen", nicht allgemein nachvollziehbaren endlichen Verfahren[96] und anderseits endlichen Verfahren, deren Ausführung intersubjektiv nachvollziehbar beschrieben werden kann, unterschieden. Nur die zweite Art von Verfahren wird als effektiv anerkannt[97]. Dann wird aber der zu präzisierende Begriff der "berechenbaren" Funktion nur durch den ebenso schwer inhaltlich auszudeutenden[98] Begriff der "intersubjektiv nachvollziehbaren Beschreibbarkeit" eines Verfahrens ersetzt. Eine tatsächliche Präzisierung des Berechenbarkeitsbegriffs leistet erst die Church-These durch ihre Bezugnahme auf

---

93) D.h. ohne Rückgriff auf die nachfolgend vorgestellten Thesen von Church, Post und Turing.

94) Vgl. z.B. Minsky (1971), S. 144ff. u. 149; Paul (1978), S. 8f.

95) In Anlehnung an diese Ausdrucksweise werden berechenbare Funktionen mitunter auch als "effektiv berechenbare" Funktionen bezeichnet; vgl. z.B. Church (1936a), S. 346; Turing (1937a), S. 231 u. 263ff.; Kleene (1952), S. 332.

96) Vgl. Minsky (1971), S. 145 u. 148.

97) Dies wird mittelbar aus den Ausführungen von Minsky (1979), S. 145f., deutlich.

98) Vgl. ansatzweise Minsky (1971), S. 146f.

rekursive Funktionen[99]. Denn diese Funktionsklasse ist eindeutig definiert.

Unabhängig davon, ob die Klassen allgemein-[100] oder partiell-rekursiver[101] Funktionen[102] betrachtet werden, ist eine rekursive Funktion dadurch charakteri-

---

99) Eine alternative, aber inhaltlich äquivalente Präzisierung erfolgt weiter unten durch die Church-Post-Turing-These mittels Bezugnahme auf die Berechenbarkeit durch Turing-Automaten. Vgl. hierzu S. 36ff.

100) Vgl. zu allgemein-rekursiven Funktionen Kleene (1952), S. 270ff.; Peter (1957), S. 30ff. u. 172ff.; Stegmüller (1973), S. 48ff.; Davis (1973a), S. 257ff.; Hermes (1978), S. 114ff., insbesondere S. 118ff.

101) Vgl. zu partiell-rekursiven Funktionen Kleene (1952), S. 325ff.; Peter (1957), S. 175 u. 186; Davis (1958), S. 41ff.; Kaphengst (1958), S. 374; Shepherdson (1963), S. 221f.; Rogers (1967), S. 18f.; Savage (1976), S. 187ff.; Hermes (1978), S. 119f.

102) Allgemein- und partiell-rekursive Funktionen unterscheiden sich nur dadurch, daß erste für alle möglichen Argumente aus ihren Vorbereichen definiert sind, während bei zweiten die Definitionsechte Teilmengen der Vorbereiche darstellen. Allgemein-rekursive Funktionen sind daher ein Spezialfall der partiell-rekursiven Funktionen; vgl. Peter (1957), S. 186. Sofern die Differenzierung zwischen allgemeiner und partieller Rekursivität für die nachfolgenden Erörterungen nicht erheblich ist, wird nur noch von rekursiven Funktionen gesprochen. Die partielle Definition der Übergangsfunktion von Turing-Automaten (vgl. S. 21f.) legt es intuitiv nahe, das Konzept der partiell-rekursiven Funktionen vorzuziehen. Näher wird hierauf in Fußnote 103) eingegangen.

siert[103], daß der Funktionswert für mindestens ein Argument aus dem Definitionsbereich der Funktion explizit angegeben wird. Hinzu tritt eine Abbildungsvorschrift, die beschreibt, durch welche mathematischen Operationen aus bereits bekannten Funktionswerten die Funktionswerte noch nicht betrachteter Argumente ermittelt werden können. Hierdurch werden die Funktionswerte aller Argumente, deren Funktionswerte nicht a priori explizit angegeben sind, implizit determiniert. Zugleich wird auf diese Weise ein Berechnungsverfahren für alle definierten Funktionswerte operational beschrieben.

---

103) Die nachfolgend vorgestellten metamathematischen Erkenntnisse wurden ursprünglich auf die Klasse der allgemein-rekursiven Funktionen bezogen. In der Folgezeit wurden sie jedoch mehrfach für die Klasse der partiell-rekursiven Funktionen reformuliert, weil mitunter Bedenken aufkamen, die allgemein-rekursiven Funktionen seien nicht wohl-definiert oder könnten nicht immer von Turing-Automaten berechnet werden. Vgl. hierzu Shepherdson (1963), S. 217; Brauer (1968), S. 6. Auf jeden Fall muß auf partiell-rekursive Funktionen übergegangen werden, wenn die Definitionsbereiche der zu berechnenden Funktionen rekursiv-aufzählbare, aber nicht-rekursive Mengen darstellen; vgl. Savage (1976), S. 182 i.V.m. S. 187. Vgl. zur Differenzierung zwischen rekursiven und rekursiv-aufzählbaren Mengen (Prädikaten) Post (1944), S. 285 u. 290ff.; Rogers (1967), S. 57ff., 95 u. 161ff.; Cohors-Fresenborg (1977), S. 45ff. Nicht auf die allgemein-, sondern auf die partiell-rekursiven Funktionen wird die Church-These z.B. explizit bezogen von Kleene (1952), S. 332; Shepherdson (1963), S. 217; Schnorr (1972), S. 54; Cohors-Fresenborg (1977), S. 44; Bachem (1980), S. 815.

Seien die Konstante k und die Argument-Variable n als beliebige natürliche Zahlen (einschließlich Null) sowie h(...) als Platzhalter für die konkret anzugebende Abbildungsvorschrift vereinbart. Dann läßt sich das Grundschema rekursiver Funktionsdefinition für eine (einstellige) Funktion f formal darstellen als[104]:

$f(0)=k$ und $f(n+1)=h(n+1,f(n))$ für $n\geqslant 0$

Wesentlich ist, daß diese Art der impliziten Definition von Funktionswerten zu einem Berechnungsverfahren führt, bei dem die Abbildungsvorschrift mehrfach auf das Ergebnis der jeweils vorangehenden Anwendung derselben Abbildungsvorschrift bezogen wird[105]. Auf diese Weise entsteht eine "Verschachtelung" wiederholter, "rekursiver" Anwendungen der Abbildungsvorschrift auf sich selbst.

Dieses Prinzip rekursiver Verschachtelung sei anhand einiger Beispiele verdeutlicht. Es werden die rekursiven Definitionen von Funktionen dargestellt, deren Argument-Variablen jeweils aus der Menge aller natürlichen Zahlen (einschließlich Null) stammen:

---

104) Dieses Grundschema bezieht sich nur auf solche Fälle einstelliger Funktionen, bei deren rekursiver Berechnung höchstens auf die Argument-Variable und auf den Funktionswert der unmittelbar vorangehend berechneten Argument-Variable Bezug genommen wird. Vgl. hierzu Turing (1937a), S. 255 u. 257f.; ähnlich auch Kleene (1952), S. 217; Peter (1957), S. 32.
Verkomplizierungen, die z.B. durch den Rückgriff auch auf Funktionswerte von nur mittelbar vorangehend berechneten Argument-Variablen oder durch mehrstellige Funktionen verursacht werden, zeigen die u.a. konkreten Beispiele der rekursiven Definition von Fibonacci- bzw. Ackermann-Funktion auf. Vgl. zu allgemeingültigen, aber formal aufwendigeren Definitionsschemata rekursiver Funktionen die in den Fußnoten 100) und 101) angegebenen Quellen.

105) Auf der gleichen rekursiven Vorgehensweise beruht das mathematische Beweisverfahren der vollständigen Induktion.

- Exponential-Funktion $f: n \rightarrow f(n) = c^n$ bezüglich der reellzahligen Basis c (mit c 0):

  $f(0)=1$ und $f(n+1)=c \cdot f(n)$ für $n \neq 0$

- Fakultät-Funktion $f: n \rightarrow f(n) = n!$:

  $f(0)=1$ und $f(n+1)=(n+1) \cdot f(n)$ für $n \geqslant 0$

- Fibonacci-Funktion f für die Fibonacci-Folge mit den ersten neun Gliedern $f(n)=0,1,1,2,3,5,8,13,21$ für $n=1,\ldots,9$:

  $f(0)=0$, $f(1)=1$ und $f(n+1)=f(n-1)+f(n)$ für $n \geqslant 1$

- Die dreistellige Ackermann-Funktion f ist über dem Argumente-Tupel (n,a,b) mit a sowie b als beliebigen natürlichzahligen Konstanten (inclusive Null) definiert. Mit f' als einer pseudo-rekursiven Hilfsfunktion[106] über dem Argumente-Tupel (n,b) gilt[107]:

  $f'(0,b)=0$, $f'(1,b)=1$ und $f'(n,b)=b$ für $n>1$

  $f(0,a,b)=a+b$

  $f(n+1,0,b)=f'(n,b)$ für $n \geqslant 0$

  $f(n+1,a+1,b)=f(n,f(n+1,a,b),a)$ für $n \geqslant 0$

Die Ackermann-Funktion veranschaulicht die Ausdrucksfähigkeit des Konzepts rekursiver Funktionen in besonderer Weise, da sie nicht mehr nur mit einer "gewöhnlichen" arithmetischen Funktionsgleichung - wie die drei voranstehenden Funktionen - definiert werden kann, sondern eine relativ komplexe Struktur aufweist. Auf diese Funktion wird an späterer Stelle[108] im Kontext der Petrinetz-Theorie zur Beurteilung der Komplexität des Erreichbarkeitsproblems zurückgegriffen.

---

106) Die Hilfsfunktion stellt eine Degeneration rekursiver Funktionsdefinition dar, da anstelle des verschachtelten Rückgriffs auf frühere Anwendungen der Abbildungsvorschrift der konstante Wert b für $n>1$ zugewiesen wird.

107) Vgl. Kleene (1952), S. 272.

108) Vgl. die Anmerkung auf S. 125.

Die Church-These kann zwar nicht im strengen Sinne verifiziert werden[109], weil zwischen dem unscharfen, zunächst nur intuitiv gedeuteten[110] Begriff der Berechenbarkeit und dem präzise definierten Konzept der rekursiven Funktionen ein kategorialer Unterschied besteht. Doch läßt sich die Church-These in einem abgeschwächten - und zugleich erweiterten - Sinn als operationale Ausdeutung des Begriffs der Berechenbarkeit verstehen. Die Erweiterung der Church-These[111] erfolgte durch die Arbeiten von Turing und Post, die - voneinander unabhängig - das Konzept der Turing-Automaten entwickelten[112].

---

109) Vgl. Kleene (1952), S. 317; Peter (1957), S. 217; Brauer (1968), S. 5; Stegmüller (1973), S. 46; Schnorr (1974), S. 54; Paul (1978), S. 53 i.V.m. S. 8.
Kleene (1952), S. 295, definiert einen präzisen Berechenbarkeitsbegriff im Kontext der Zahlentheorie und kann auf dieser Grundlage beweisen (S. 295f.), daß eine Funktion in diesem Sinne genau dann berechenbar ist, wenn sie zur Klasse der rekursiven Funktionen gehört.

110) Vgl. Turing (1937a), S. 249ff.; Peter (1957), S. 5; Stegmüller (1973), S. 46; Paul (1978), S. 8.

111) Die Church-These behauptet des weiteren die Äquivalenz bezüglich eines dritten Konzepts, des der Funktionen aus dem λ-Kalkül. Hierauf wird jedoch nicht weiter eingegangen. Näheres zu diesem Kalkül und zu seiner Äquivalenz mit rekursiven Funktionen sowie mit Funktionen, die von Turing-Automaten berechnet werden können, bei Church (1936a), S. 346ff.; Kleene (1936), S. 342ff.; Turing (1937c), S. 153ff. u. 160ff.; Hermes (1978), S. 207ff.

112) Vgl. Kleene (1952), S. 356; Brauer (1968), S. 6; Hermes (1978), S. 31.

Es wurde nachgewiesen, daß die Klasse der Funktionen, die von Turing-Automaten berechnet werden können[113], mit der Klasse der rekursiven Funktionen übereinstimmt[114]. Es gilt jedoch nicht die schwächere Aussage, daß alle Funktionen, die durch Turing-Automaten dargestellt (statt: "berechnet") werden können, auch rekursiv sind. Vielmehr existieren Funktionen, die nicht-rekursiv sind, aber dennoch durch Turing-Automaten beschrieben werden können. Hierzu zählt z.B. die Rado-Funktion $R(n)$, für die mit n aus der Menge der natürlichen Zahlen gezeigt werden kann, daß sie mit wachsendem n so schnell ansteigt, daß sie grundsätzlich nicht für jedes beliebige (große) n durch Turing-Automaten berechnet werden kann[115].

Da gemäß der Church-These bereits alle berechenbaren mit den rekursiven Funktionen identifiziert worden sind, folgt als erweiterte Church-Post-Turing-These, daß sich die Werte aller - im intuitiven Sinne - berechenbaren Funktionen als rekursive Funktionen definie-

---

113) Vgl. zur Berechenbarkeit von Funktionen durch Turing-Automaten Turing (1937a), S. 230 u. 254f.; Hermes (1937), S. 120f.; Kleene (1952), S. 360ff. u. 377ff.; Hermes (1954), S. 50f.; Wang (1957), S. 68f.; Yamada (1962), S. 755ff.; Brauer (1968), S. 40ff.; Savage (1976), S. 181f.; Hermes (1978), S. 38f. u. 96ff.

114) Vgl. Kleene (1952), S. 360 u. 373ff.; Peter (1957), S. 211ff.; Wang (1957), S. 66f., 69ff. u. 86; Shepherdson (1963), S. 217f. u. 234f.; Stegmüller (1973), S. 47; Putnam (1973), S. 71; Boolos (1974), S. 89ff.; Paul (1978), S. 35ff.

115) Vgl. Rado (1962), S. 880ff.; Brauer (1968), S. 45ff.; Ludewig (1983), S. 4 u. 8; Dewdney (1984), S. 9 u. 12; Hopcroft (1984), S. 45ff.; siehe auch die Anmerkungen zum assoziierten Problem des "fleißigen Bibers" auf S. 89ff.

ren und zugleich durch Turing-Automaten berechnen lassen[116].

Die entscheidende Bedeutung der Church-Post-Turing-These liegt darin, die unscharfen Begriffe der endlichen Berechenbarkeit und der effektiven (Berechnungs-) Verfahren hinsichtlich ihrer Extension mit den präzise definierten und intersubjektiv nachvollziehbaren Konzepten der rekursiven Funktionen und der Berechenbarkeit durch Turing-Automaten gleichzusetzen.

Aus der Sicht des Operations Research läßt sich diese Präzisierung auf Algorithmen zur Lösung problemabbildender Modelle übertragen. Hierdurch ist es möglich, die unscharfe Charakterisierung von Algorithmen als effektive Verfahren[117] dadurch zu präzisieren, daß Algorithmen auf die begrifflich scharfen Konzepte von Turing-Automaten und rekursiven Funktionen zurückgeführt werden. Ausgangspunkt ist der Sachverhalt, daß alle Al-

---

116) Vgl. Kleene (1952), S. 321, 356 u. 376; Rogers (1967), S. 20; Brauer (1968), S. 6; Minsky (1971), S. 149; Putnam (1973), S. 69; Stegmüller (1973), S. 47; Paul (1978), S. 53; Peterson (1981), S. 201f., der sich auf berechenbare Systeme anstelle von Funktionen bezieht; Hopcroft (1984), S. 39 u. 44. Kleene (1952), S. 381, und Weizenbaum (1982), S. 94f., weiten den Berechnungsbezug der o.a. These auf die Bearbeitung aller Probleme aus, die sich durch Ausdrücke aus einem (formalsprachlichen) endlichen Alphabet formulieren lassen. Vgl. zur allgemeinen Akzeptanz der Church-Post-Turing-These z.B. Rogers (1967), S. 20.
Von manchen der voranstehend angeführten Autoren wird diese erweiterte Church-Post-Turing-These auch nur als Church- oder nur als Turing-These bezeichnet.

117) Vgl. hierzu die auf S. 31 erfolgten Anmerkungen zur mangelnden Präzision des Begriffs effektiver Verfahren.

gorithmen konzeptionell auf die Berechnung von Funktionswerten zurückgeführt werden können[118].

Da das intuitive Verständnis der Berechenbarkeit von Funktionen mittels der Church-Post-Turing-These durch die Einsatzmöglichkeit von Turing-Automaten operationalisiert wurde[119], lassen sich Algorithmen grundsätz-

---

118) Vgl. Church (1936a), S. 351 u. 356; Rogers (1967), S. 18ff., mit der starren Verknüpfung der Attribute "berechenbar" und "algorithmisch", u. 26f.; Schnorr (1974), S. 19; Paul (1978), S. 8; Hermes (1978), S. 9; Bachem (1980), S. 815f. Hier und nachfolgend werden Algorithmen im sehr weit gefaßten Sinne von Markow als Vorschriften zur systematischen Veränderung von Symbolfolgen verstanden; vgl. zum Konzept der Markow-Algorithmen Asser (1959), S. 355f.; Brauer (1968), S. 7f.; Cohors-Fresenborg (1977), S. 84; Hermes (1978), S. 245f. Die o.a. These der Äquivalenz von Algorithmen und Funktionsberechnungen läßt sich unter dieser Voraussetzung dadurch streng beweisen, daß die Klassen der (partiell-)rekursiven Funktionen und der Funktionen, die durch Markow-Algorithmen berechnet werden können, koextensiv sind; vgl. Peter (1957), S. 222; Brauer (1968), S. 7f.; Bachem (1980), S. 815. Auf die Äquivalenz von Algorithmen und rekursiven Funktionen verweist auch Kaphengst (1958), S. 376.

119) Um die Berechnung von Funktionen im Rahmen des Operations Research auf komplexitätstheoretisch übliche Fragestellungen hinsichtlich der Lösbarkeit von Entscheidungsproblemen durch Turing-Automaten zurückzuführen, könnte auch auf die Ausführungen der S. 5ff. Bezug genommen werden: Die Berechnung der Zielfunktion eines Optimierungsproblems des Operations Research läßt sich auf korrespondierende Entscheidungsprobleme der Komplexitätstheorie abbilden. Stattdessen ist es ebenso möglich, die Berechnung des Funktionswerts für eine vorgegebene Ausprägung der Argument-Variable(n) als ein Entscheidungsproblem bezüglich der Existenz dieses Funktionswerts zu interpretieren. Falls dieses Entscheidungsproblem entscheidbar ist und der Turing-Automat die Existenz des betrachteten Funktionswerts bejaht, folgt aus der Konstruktivität des Konzepts der Turing-Automaten, daß aus dem Existenzbeweis der gesuchte Funktionswert grundsätzlich rekonstruiert werden kann.

lich als Turing-Automaten darstellen[120]. Die Turing-Automaten vermögen wiederum alle rekursiven Funktionen zu berechnen. Das Konzept dieser Funktionen ist so mächtig, daß sich mit ihm alle Lösungsalgorithmen für Optimierungsprobleme des Operations Research formulieren lassen[121]. Daher ist es möglich, komplexitätstheoretische Analysen von Fragestellungen des Operations Research, die auf die algorithmische Lösung von Problemen abzielen, immer auf die Betrachtung von Turing-Automaten zurückzuführen[122].

Die Tatsache, daß auch nicht-rekursive Funktionen definiert werden können, wie z.B. die o.a. Rado-Funktion[123], beeinträchtigt diese Rückführbarkeit nicht. Denn solche nicht-rekursiven Funktionen gelten im allgemeinen als nicht-berechenbar, zumindest ist ihre "ef-

---

120) Vgl. Asser (1959), S. 356ff.; Brauer (1968), S.7f.; Savage (1976), S. 76, 174 u. 181 (der von Prozeduren spricht, die - neben endlichen Algorithmen - auch nicht-terminierende Prozesse umfassen); Hermes (1978), S. 18f.

121) Zu den rekursiven Funktionen rechnen nicht nur sämtliche arithmetischen Funktionen, sondern z.B. auch die (Auswahl-)Funktionen, deren Abbildungsvorschriften durch Minimierungs- oder Maximierungsoperatoren ausgedrückt werden; vgl. Peter (1957), Tabelle zwischen S. 40 u. 41, Positionen Nr. 11 u. 12.

122) Ein Ergebnis solcher Betrachtungen wurde bereits auf S. 16f. vorgestellt als die Unmöglichkeit, einen Algorithmus zu konzipieren, der es gestattet, für alle Algorithmen zu entscheiden, ob sie nach endlicher Zeit terminieren. Diese Erkenntnis folgte aus dem Beweis der Unentscheidbarkeit des Halteproblems für Turing-Automaten.

123) Vgl. S. 37, siehe auch S. 90f.

fektive" Berechenbarkeit umstritten[124]. Sie spielen für OR-Probleme keine Rolle.

Die Substituierung der Analyse von Optimierungsproblemen des Operations Research durch Untersuchungen von Turing-Automaten seitens der Komplexitätstheorie führt dazu, daß nachfolgend die Betrachtung von Entscheidungsproblemen an die Stelle der Beschäftigung mit Optimierungsproblemen und Algorithmen zu ihrer Lösung tritt. Bereits an früherer Stelle wurde auf die Möglichkeit hingewiesen, Optimierungs- in Entscheidungsprobleme zu transformieren[125].

---

124) Vgl. S. 90 bezüglich der Nichtberechenbarkeit der Rado-Funktion. Sie bestätigt die bei Peter (1957), S. 201, formulierte Kontraposition der Church-These, daß nicht-rekursive Funktionen in keiner endlichen Weise berechnet werden können. Denn diese These beruht auf der Implikation, daß eine Funktion, wenn sie im endlichen Sinne berechenbar ist, zur Klasse der rekursiven Funktionen gehören muß (vgl. S. 30). Vgl. auch die Ausführungen von Minsky (1971), S. 208ff. u. 212f., zur Existenz von reellen Zahlen, die zwar als Werte von "exotischen" Funktionen definiert werden können, für die sich aber beweisen läßt, daß sie durch Turing-Automaten grundsätzlich nicht berechnet werden können. Da alle Turing-berechenbaren Funktionen rekursiv sind, müssen diese exotischen Funktionen nicht-rekursiver Natur sein.
Es kann sogar durch eine einfache mengentheoretische Überlegung gezeigt werden, daß nicht-abzählbar unendlich viele exotische Funktionen existieren müssen, deren Berechnung durch Turing-Automaten unmöglich ist; vgl. Minsky (1971), S. 209f.; Paul (1978), S. 10ff.; Hopcroft (1984), S. 45 (u. S. 36). (Eine Menge, die gleich mächtig ist wie die unendlich große Menge der natürlichen Zahlen, heißt abzählbar unendlich. Mengen, die noch mächtiger sind - wie z.B. die Menge der reellen Zahlen - werden als nicht-abzählbar unendlich bezeichnet.)

125) Vgl. S. 5ff.

2.5 Analysekonzepte der Komplexitätstheorie

Die Klasse der entscheidbaren Entscheidungsprobleme läßt sich hinsichtlich ihrer (Zeit-)Komplexität mit der Hilfe der Komplexitätsfunktion O[126] in Sub-Klassen zerlegen.

Ausgangspunkt dieser Funktion ist die Überlegung, daß die Operationszeit, die zur Lösung eines Entscheidungsproblems aufgewendet werden muß, im Regelfall mit dem Umfang der Beschreibung der konkret zu lösenden Problemausprägung variiert. Dieser Problemumfang wird durch die Größe n gemessen (im Regelfall mit n aus der Menge der natürlichen Zahlen). Je nach dem zugrundegelegten Meßkonzept, das jeweils eine bestimmte Codierung für das zu lösende Problem impliziert[127], kann die Komplexitätsfunktion für dasselbe Entscheidungsproblem unterschiedliche Gestalt annehmen. Diese Codierung[128] bleibt jedoch - von wenigen Ausnahmen abgesehen[129] - für Komplexitätsurteile unerheblich[130].

---

126) Das Funktionssymbol "O" kann als Akronym für die (Größen-)"O"rdnung des Aufwands der Lösungsalgorithmen für die betrachteten Probleme betrachtet werden. Mitunter wird die Komplexitätsfunktion auch als Landau'sche Funktion bezeichnet.

127) Dies resultiert aus dem - in Abschnitt 2.3 dargelegten (vgl. S. 19ff.) - Sachverhalt, daß in der Komplexitätstheorie Problemlösungen stets auf die Operationen von (Turing-)Automaten zurückgeführt werden. Diese Automaten können auf ein Problem erst dann angesetzt werden, wenn ihnen eine automatenverständliche Problemcodierung vorliegt.

128) Vgl. zur Codierung von Problemen Garey (1978), S. 502f.; Garey (1979), S. 9f. u. 20ff.; Parker (1982a), S. 5f.

129) Vgl. hierzu die Ausführungen auf S. 76f. zur Variation der Komplexitätsresultate in Abhängigkeit von der binären oder unären Problemcodierung. Vgl. auch die Anmerkungen auf S. 134f. zum Maß L für den Problemumfang.

130) Vgl. Ecker (1977), S. 56; Valiant (1978), S. 327.

Diese Irrelevanz der Codierungsweise folgt aus dem bereits o.a.[131] Umstand, daß seitens der Komplexitätstheorie Probleme als äquivalent (gleich komplex) behandelt werden, wenn sie durch polynomial beschränkte Algorithmen ineinander transformiert werden können. Die meisten Problemcodierungen lassen sich durch solche Algorithmen aufeinander abbilden[132]. Daher ändert die Codierung im allgemeinen nicht die Klassifizierung der Problemkomplexität.

Dennoch spielt die Problemcodierung eine fundamentale Rolle in der Komplexitätstheorie. Durch die Codierung werden die Erkenntnisobjekte - die Probleme - mit den leistungsfähigen Analyseinstrumenten aus den Theorien der formalen Sprachen und der sprachverarbeitenden (-erkennenden) Automaten (z.B. den Turing-Automaten) so verknüpft, daß gehaltvolle Komplexitätserkenntnisse gewonnen werden können[133].

Sofern nicht ausdrücklich anders vermerkt, wird unterstellt, daß die Größe n die Anzahl binärer Informationseinheiten (bits) mißt, die zur Codierung einer Problemausprägung für die Eingabe in einen Turing-Automaten erforderlich sind (binäre Codierung)[134].

---

131) Vgl. S. 9. Vgl. hierzu auch die Ausführungen auf S. 54.

132) Vgl. Garey (1979), S. 20 u. 23; Lenstra (1979), S. 124.

133) Vgl. zu diesem Codierungsaspekt Garey (1979), S. 19f.

134) Vgl. zur binären Codierungsweise Schnorr (1974), S. 134; Garey (1975), S. 410; Rabin (1976), S. 23; Schuster (1976), S. 38; Ullman (1976), S. 140f.; Valiant (1978), S. 327; Paul (1978), S. 29f. u. 34f.; Garey (1979), S. 21f.; Parker (1982a), S. 6; Bland (1981), S. 1079; Tardos (1986), S. 250.

Die Komplexitätsfunktion O gibt die Anzahl der elementaren Operationen an, die von einem Turing-Automaten ausgeführt werden müssen, um für das eingegebene Problem des Umfangs n eine Lösung auszugeben oder die Nichtexistenz von (zulässigen) Lösungen festzustellen[135]. Die Komplexitätsfunktion abstrahiert von additiven und multiplikativen[136] Konstanten, weil sie nur die Größenordnung des Lösungsaufwands angeben soll. Darüber hinaus erfolgt eine Begrenzung auf das asymptotische Verhalten[137] des Turing-Automaten für Probleme, deren Umfang beliebig groß werden kann.

Formal gilt für die Komplexitätsfunktion $O(p(n))$ mit $p(n)$ als einer beliebigen nicht-negativen, in der Regel jedoch logarithmischen, polynomialen oder exponentiellen Funktion des Problemumfangs n, mit $r(n)$ als dem tatsächlichen Ressourceneinsatz, der zur Ermittlung der Problemlösung - gemessen durch die Anzahl der erforderlichen elementaren Operationen - aufgewendet werden muß, und mit c als einer beliebigen, aber konstanten reellen Zahl[138]:

$$r(n) = O(p(n)) \quad \Longleftrightarrow \quad r(n) \leqslant c \cdot p(n) \quad \text{für alle } n > 0$$

oder:

$$r(n) = O(p(n)) \quad \Longleftrightarrow \quad \lim_{n \to \infty} (r(n) : p(n)) = c$$

---

135) Unter der - oben dargelegten (Vgl. S. 41) - Konzentrierung auf Entscheidungsprobleme bedeutet dies, daß der Turing-Automat ein "Ja" bezüglich der Existenz zulässiger Lösungen, aus der konkrete Lösungen rekonstruiert werden können, bzw. ein "Nein" ausgibt.

136) Vgl. Hopcroft (1974), S. 620. Einige Autoren führen jedoch multiplikative Konstanten an, wie aus den komplexitätsbeschreibenden Polynomialen für den Simplex-, Khachiyan- und Karmarkar-Algorithmus im Abschnitt 3.2.2 hervorgeht.

137) Vgl. Hopcroft (1974), S. 620.

138) Vgl. - zur ersten Version - Brucker (1979), S. 77; Garey (1979), S. 6; Clausen (1986), S. 31f., und - zur zweiten Version - French (1982), S. 140.

Die Festlegung der "elementaren" Operationen bereitet nur auf den ersten Blick Schwierigkeiten. Zwar läßt
sich darüber streiten, auf welcher Abstraktionsebene
die Automatenoperationen als nicht mehr zerlegbar (elementar) angesehen werden sollen[139]. Doch können unterschiedliche Ansätze von Elementaroperationen durch polynomial beschränkte Algorithmen aufeinander abgebildet
werden[140]. Eine solche Transformation ist für die Einordnung von Problemen in Komplexitätsklassen irrelevant[141].

Die Analysen der Komplexitätstheorie lassen sich zunächst grob in die Betrachtung der jeweils schlechtest
möglichen ("worst case") und der durchschnittlichen
Problemausprägung ("average case") differenzieren.

Die worst case-Analyse stellt den Standardfall komplexitätstheoretischer Untersuchungen dar[142]. Bei ihr
wird ein Entscheidungsproblem nur im Hinblick auf die
Menge derjenigen Problemausprägungen betrachtet, die
zum größtmöglichen Lösungsaufwand führen (schlechtest
mögliche oder "pathologische"[143] Ausprägungen). Diese

---

139) Beispielsweise können als elementar betrachtet
     werden: die Addition und Multiplikation von Ganz-
     zahlen, die zugrundeliegende Addition von Dualzah-
     len oder die abstraktere Operation eines Schrit-
     tes, der im Rahmen einer Algorithmus-Beschreibung
     eine atomare Einheit bildet. Auch die Komplexi-
     tätsangaben zu den Algorithmen in Abschnitt 3.2.2
     beruhen nicht immer auf den gleichen Konzepten
     elementarer Operationen, die jeweils den angeführ-
     ten Quellen zu entnehmen sind.

140) Vgl. Valiant (1978), S. 327; Bachem (1980), S.
     816.

141) Vgl. hierzu auch die analoge Argumentation auf S.
     42f. zur Irrelevanz der Problemcodierung.

142) Vgl. als Überblick über diese Hauptrichtung der
     Komplexitätstheorie die annotierten Bibliographien
     von Papadimitriou (1985), S. 39ff., und Kinder-
     vater (1985), S. 110ff.; vgl. auch Parker (1982a),
     S. 7f.

143) Bland (1981), S. 1041, spricht drastisch von den
     "perversesten" ("most perverse") Problemausprägun-
     gen.

Betrachtung des schlechtesten Falls besitzt den Vorzug, daß sie mit einer rein theoretischen Problemanalyse auskommt. Daher konzentriert sich die Mehrzahl der komplexitätstheoretischen Untersuchungen auf diese worst case-Analyse[144].

Die wesentliche Unzulänglichkeit der worst case-Analyse liegt in ihrer fehlenden Repräsentativität hinsichtlich des durchschnittlichen Lösungsaufwands für die praktische Problembewältigung[145]. Diese Analyseart schätzt nur die Größenordnung des Lösungsaufwands für den Grenzfall schlechtest möglicher Problemausprägungen ab. Für die Anwendung von Erkenntnissen des Operations Research auf Realprobleme besitzt dagegen der Lösungsaufwand, mit dem durchschnittlich für die Bewältigung von Problemausprägungen gerechnet werden muß, größere Bedeutung[146]. Die Untersuchung dieses Aspekts erfordert jedoch eine empirische Ergänzung der komplexitätstheoretischen Ansätze.

Die average case-Analyse bildet den Zweig der Komplexitätstheorie, der sich mit einer solchen empirisch fundierten Betrachtung des durchschnittlichen Lösungsaufwands von Problemen befaßt[147]. In jüngerer Zeit erfährt er zunehmende Beachtung.

---

144) Vgl. z.B. Karp (1975b), S. 64; Simon (1980), S. 4; Bachem (1980), S. 817.

145) Vgl. die kritischen Anmerkungen zur worst case-Analyse bei Schnorr (1974), S. 182; Karp (1975), S. 64f.; Bachem (1980), S. 817; Fisher (1982), S. 17; Coffman (1982), S. 320; Lenstra (1982), S. 205.

146) Vgl. Simon (1980), S. 4.

147) Vgl. als Überblick über diese komplexitätstheoretischen Studien die annotierte Bibliographie von Karp (1985), S. 52ff.; vgl. auch Garey (1979), S. 148ff.

Bei der analytischen - oder (explizit) probabilisti-schen - Variante[148] der average case-Analyse wird die explizite Angabe einer Wahrscheinlichkeitsverteilung vorausgesetzt[149], die über dem Spektrum möglicher Pro-blemausprägungen definiert ist. Sie soll jeder Ausprä-gung in den Problemkontexten, die jeweils als relevant erachtet werden, ihre Eintrittswahrscheinlichkeit in realitätskonformer Weise zuschreiben. Aufgrund dieser Verteilung wird durch analytisch-statistische Methoden der Erwartungswert des Lösungsaufwands als Maß für die durchschnittliche Problemkomplexität abgeleitet.

Die simulative Variante[150] der average case-Analyse geht von einer endlichen Menge exemplarischer Problem-ausprägungen aus, bezüglich derer angenommen wird, daß sie eine repräsentative Stichprobe aus der Menge aller möglichen Problemausprägungen darstellt. Der idealty-pisch erforderliche Nachweis, daß die Repräsentativi-tätsprämisse von dieser Stichprobe tatsächlich erfüllt wird, könnte dadurch erfolgen, daß die Stichprobe - in Anlehnung an die analytische Variante der average case-Analyse - auf der Grundlage einer realitätskonformen Wahrscheinlichkeitsverteilung über allen möglichen Pro-blemausprägungen erzeugt wird. Bei der praktischen An-wendung der simulativen Analysevariante wird jedoch in der Regel auf diesen Validitätsnachweis verzichtet[151].

---

148) Vgl. Simon (1976), S. 286ff. u. 298; Lenstra (1976), S. 3f.; Valiant (1978), S. 333f.; Garey (1979), S. 148ff.; Lenstra (1982), S. 205f. Vgl. hierzu auch die Ausführungen zur probabilistischen Untersuchung von approximativen und heuristischen Lösungsalgorithmen für NP-vollständige Probleme auf S. 81.

149) Vgl. zur Problematik dieser Voraussetzung die An-merkung auf S. 97 zur Validität komplexitätstheo-retischer Erkenntnisse.

150) Vgl. Brown (1981), S. 588ff.; Hall (1986), S. 274f.; vgl. auch Schittkowski (1980), S. 51ff. u. 64ff., und Rardin (1982), S. 8ff., die besondere Aufmerksamkeit der Generierung von Problemausprä-gungen widmen.

151) Vgl. Simon (1976), S. 298; Rardin (1982), S. 12.

Mittels Computersimulationen wird untersucht, welchen durchschnittlichen Lösungsaufwand die Bewältigung des betrachteten Problems bereitet. Als Maßstab dient hierfür die durchschnittliche Rechenzeit für die Problemausprägungen der Stichprobe.

Worst und average case-Analysen unterscheiden sich wesentlich durch ihre theoretische Grenzfallbetrachtung einerseits und ihre praktische - zumindest idealtypische - Anknüpfung an den Eintrittswahrscheinlichkeiten unterschiedlicher Problemausprägungen in realen Problemkontexten anderseits. Entsprechend werden ihre Ergebnisse bezüglich des Lösungsaufwands von Problemen unter die Begriffe der theoretischen bzw. praktischen Komplexität[152] subsumiert.

Die Komplexität von Problemen wird seitens der Komplexitätstheorie auf die Effizienz von Algorithmen zurückgeführt. Die Effizienz eines Algorithmus wird hierbei als Inverse seines Ausführungsaufwands verstanden. Als Maßstab der Komplexität eines Problems gilt die Effizienz derjenigen Algorithmen, die bezüglich der Menge aller Algorithmen, die das betrachtete Problem zu lösen vermögen, die höchste Effizienz aufweisen (bestmögliche Algorithmen). Sofern diese Algorithmen konkret bekannt sind, werden sie als bestbekannte Algorithmen bezeichnet. Aufgrund der Differenzierung zwischen bestmöglichen und bestbekannten Algorithmen läßt sich zwischen einer Problemkomplexität im strengen und einer im schwachen Sinne unterscheiden.

Bei der Komplexität im strengen Sinne[153] wird durch die Effizienz der bestbekannten Algorithmen nur eine obere Grenze der Problemkomplexität festgelegt. Da

---

152) Diese Begriffsdifferenzierung wird später (vgl. S. 52) auf die Unterscheidung zwischen theoretischer bzw. praktischer (In-)Effizienz übertragen; vgl. zu dieser Dichotomie auch Derigs (1986), S. 48.

153) Vgl. Bachem (1980), S. 833; Traub (1982), S. 60; Schrader (1983), S. 1.

grundsätzlich unbekannte Algorithmen mit höherer Effizienz als die bestbekannten Algorithmen existieren können, besteht die Möglichkeit, zukünftig zu entdecken, daß die tatsächliche Problemkomplexität infolge solcher effizienteren Algorithmen niedriger ist als bisher vermutet. Daher stellen bestbekannte Algorithmen immer nur eine vorläufige Obergrenze der Problemkomplexität dar. Wesentlich schwieriger[154] - und dementsprechend seltener - ist der Beweis zu führen, daß grundsätzlich kein Algorithmus existieren kann, der ein Problem effizienter löst, als durch eine bestimmte untere Komplexitäts-Schranke[155] angegeben wird[156].

Die theoretische Problemkomplexität, die durch die Effizienz der bestmöglichen Algorithmen definiert wird, bleibt im allgemeinen unbekannt[157]. Es läßt sich im strengen Sinne nur feststellen, daß sie nicht oberhalb der Obergrenze der bestbekannten Algorithmen und - gegebenenfalls - nicht unterhalb der unteren Schranke unmöglicher Algorithmen liegt. Diese Problemkomplexität im strengen Sinne stellt die zeitinvariante Komplexi-

---

154) Vgl. Schnorr (1974), S. 182; Savage (1976), S. 347; Traub (1982), S. 60; Cook (1983), S. 403f.

155) Der Beweis muß nicht konstruktiv sein, d.h. er braucht nicht die Spezifizierung eines prinzipiell bestmöglichen Algorithmus zu umfassen; vgl. Valiant (1978), S. 331; Bachem (1980), S. 815f. u. 829. Deshalb kann der Fall eintreten, daß zwar eine untere Schranke der Effizienz möglicher Algorithmen aufgezeigt wird, aber ein Algorithmus mit einer solchen bestmöglichen Effizienz - vorläufig - unbekannt bleibt. Daher wird hier nicht von einer unteren Grenze, sondern nur von einer unteren Schranke der Problemkomplexität gesprochen, die von den besten bekannten Algorithmen nicht erreicht werden muß.

156) Vgl. Hopcroft (1974), S. 625; Traub (1982), S. 60; Cook (1983), S. 403ff. Vgl. hierzu auch die Ausführungen auf S. 62 u. 73.

157) Sie läßt sich nur in dem Ausnahmefall angeben, daß erstens eine untere Schranke der Effizienz von Algorithmen mit bestmöglicher Effizienz bewiesen und zweitens ein solcher bestmöglicher Algorithmus auch konkret konstruiert werden kann, also bekannt ist.

tätsversion dar, weil sie nicht vom - zeitlich variablen - Kenntnisstand der aktuell effizientesten Algorithmen abhängt.

Die Komplexität im schwachen Sinne[158] wird dagegen mit der Effizienz der bestbekannten Algorithmen identifiziert. Diese Füllung des Komplexitätsbegriffs erweist sich zwar "griffiger" als die vorgenannte, erlaubt aber nur temporär zutreffende Aussagen. Denn die Gültigkeit eines Komplexitätsurteils hängt von der jeweils aktuellen Gesamtheit aller bekannten Lösungsalgorithmen ab. Die Entwicklung neuartiger Algorithmen kann die Revision solcher vorläufigen Komplexitätsurteile erzwingen.

Da komplexitätstheoretische Untersuchungen im allgemeinen die Problemkomplexität im schwachen Sinne (zumeist implizit) unterstellen[159], wird dieses Komplexitätsverständnis im folgenden - wenn nicht ausdrücklich anders vermerkt - vorausgesetzt.

---

158) Vgl. Peterson (1981), S. 118; Schrader (1983), S. 3.

159) Auf den hieraus resultierenden Validitätsmangel komplexitätstheoretischer Aussagen wird auf S. 94 eingegangen.

2.6   Komplexitätsklassen zur Beurteilung des
          Lösungsaufwands von Problemen

2.6.1   Die Klassen P und NP

2.6.1.1 Überblick

Die Klasse der entscheidbaren Probleme läßt sich zunächst[160] grob in die zwei (Teil-)Klassen "P"[161] und
"NP"[162] der polynomial beschränkten bzw. der exponentiell beschränkten[163] Probleme aufgliedern[164]. Mit
dieser Klassifizierung ist zugleich eine Beurteilung
der Problemschwierigkeit und der Effizienz der jeweils

---

160) Es lassen sich sowohl weitere Teilklassen inner-
     halb der Klasse NP sowie (Teil-)Klassen, die au-
     ßerhalb der Klassen P und NP liegen, untersuchen.
     Hierauf wird später zurückgekommen; vgl. S. 74ff.
     bzw. 82f.

161) Das Akronym "P" bezieht sich auf die "p"olynomiale
     Beschränkung der Komplexitätsfunktion; vgl. Parker
     (1982a), S. 8.

162) Das Akronym "NP" kann in der Weise interpretiert
     werden, daß die Zeitkomplexität von deterministi-
     schen Turing-Automaten, die auf Probleme aus die-
     ser Klasse angewendet werden, "n"icht "p"olynomial
     beschränkt ist. Parker (1982a), S. 9, erklärt das
     Akronym durch den Sachverhalt, daß Probleme aus
     dieser Klasse "n"ondeterministisch "p"olynomial
     seien. Vgl. zur Berechtigung dieser beiden Deutun-
     gen die Ausführungen auf S. 59ff.

163) Unter die Begriffe der polynomialen und exponen-
     tiellen Schranken werden auch solche Terme subsu-
     miert, die im allgemeinen nicht als Werte von Po-
     lynomialen bzw. Exponentialfunktionen definiert
     sind. Doch immerhin wachsen diese Terme als loga-
     rithmische Ausdrücke - vgl. Fußnote 29) - langsa-
     mer als Polynomiale, werden also von letztgenann-
     ten nach oben beschränkt. Bzw. sie weisen noch die
     Struktur eines aus Basis und Exponent zusammenge-
     setzten Ausdrucks auf, wie z.B. $n^{\log(n)}$; vgl.
     Garey (1979), S. 6; French (1982), S. 140.

164) Der Klassenbegriff wird hier im Sinne der Klassi-
     fizierung verwendet, nicht im mathematisch stren-
     gen Sinne der exhaustiven und disjunkten Klassen-
     bildung. Vgl. hierzu die Anmerkungen in Fußnote
     168) u. auf S. 61f. zu dem Sachverhalt, daß die
     Klassen P und NP nicht disjunkt sind.

betroffenen, bestbekannten Lösungsalgorithmen verbunden[165].

Probleme aus der Klasse P gelten als einfach oder leicht zu handhaben[166]; die zugehörigen bestbekannten polynomial beschränkten Algorithmen werden als effizient bezeichnet. Zuweilen wird zwischen worst und average case-Analysen bezüglich solcher Probleme ein implikativer Zusammenhang vermutet[167]: Wenn für ein Problem unter den theoretischen Annahmen von worst case-Analysen ein polynomial beschränkter Algorithmus existiert (theoretische Effizienz), dann kann dieser Algorithmus auch in der Praxis wirksam zur Problemlösung eingesetzt werden (praktische Effizienz). Dies müßte sich in entsprechenden average case-Analysen nachweisen lassen.

Probleme aus der Klasse NP werden - sofern sie nicht in der Klasse P ebenso enthalten sind[168] - als schwierig[169] beurteilt; die zugehörigen bestbekannten exponentiell beschränkten Lösungsalgorithmen gelten als ineffizient.

---

165) Vgl. zu den nachfolgenden Komplexitätsurteilen Karp (1972), S. 87; Lawler (1976), S. 5f.; Müller-Merbach (1976), S. 71; Ullman (1976), S. 140; Ecker (1977), S. 55; Lenstra (1977), S. 344; Garey (1979), S. 7f.; Bachem (1980), S. 821; Lenstra (1982), S. 202; French (1982), S. 142; Parker (1982a), S. 7.

166) Schönlein (1981), S. 116, spricht von "vertretbarem" Aufwand, der nur von polynomial beschränkten Algorithmen garantiert werden könne.

167) Vgl. Bland (1981), S. 1042.

168) Es wird auf S. 61f. ausgeführt, daß die Klasse P eine Teilklasse der Klasse NP ist, so daß Probleme aus der Klasse NP zugleich zur Klasse P gehören können. Daher stellen die Klassen P und NP keine (disjunkte) Zerlegung der (Super-)Klasse aller entscheidbaren Probleme im mathematisch strengen Sinne dar.

169) Hierfür wird oftmals die plastische Bezeichnung "nicht-handhabbarer" ("intractable") Probleme verwendet; vgl. Lenstra (1979), S. 122; Garey (1979), S. 8, 11f. u. 34. Ähnlich äußert sich Ecker (1977), S. 55.

Die Plausibilität der Annahmen, polynomiale und exponentielle Beschränktheit als Indikatoren für die Effizienz bzw. Ineffizienz von Lösungsalgorithmen zu betrachten, läßt sich durch ein Beispiel[170] verdeutlichen: Bei einem Problemumfang von n=60 und einer durchschnittlichen Ausführungszeit von einer Mikrosekunde je elementarer Operation verursacht ein polynomial beschränkter Algorithmus mit $O(n^2)$ einen Lösungsaufwand von etwa 0,0036 sec, während ein exponentiell beschränkter Algorithmus mit $O(2^n)$ ca. 366 Jahre zur Problemlösung benötigt[171].

2.6.1.2 P-komplexe Probleme

Die Klasse P umfaßt alle Probleme (kurz: P-komplexe Probleme)[172], die jeweils durch einen deterministischen Turing-Automaten[173] in polynomial beschränkter Zeit gelöst werden können[174]. Die Komplexitätsfunktion läßt sich als ein Polynomial (einschließlich logarithmischer Terme) beliebigen Grades darstellen.

Da gemäß der o.a. Church-Post-Turing-These jeder Algorithmus als Turing-Automat ausgedrückt werden kann, läßt sich äquivalent konstatieren: Alle Probleme aus der Klasse P sind dadurch gekennzeichnet, daß sie sich durch Algorithmen mit polynomial beschränktem Lösungs-

---

170) Vgl. zu weiteren Beispielen Garey (1979), S. 7f.; Bachem (1980), S. 820f.; French (1982), S. 142; Parker (1982a), S. 4; Kolata (1984), S. 1379.

171) Vgl. Garey (1979), S. 7, Figure 1.2.

172) Vgl. zur Klasse der P-komplexen Probleme Karp (1972), S. 86ff.; Schnorr (1974), S. 132; Karp (1975b), S. 52; Garey (1979), S. 27; Brucker (1979), S. 76ff.; Brucker (1981), S. 29ff. u. 65ff.; Parker (1982a), S. 8.

173) Deterministische Turing-Automaten wurden bereits auf S. 19ff. vorgestellt.

174) Vgl. Ullman (1976), S. 145; Lenstra (1979), S. 123; Brucker (1981), S. 146ff.

aufwand bewältigen lassen. P-komplexe Probleme werden daher - vereinfachend - auch als polynomial beschränkte Probleme bezeichnet.

Innerhalb der Klasse der polynomial beschränkten Probleme erfolgt im allgemeinen[175] keine weitergehende komplexitätstheoretische Differenzierung. Daher kann das Konzept der polynomialen Komplexitätsfunktionen als Basiskonzept der Komplexitätstheorie betrachtet werden. Probleme gelten als äquivalent, wenn sie sich so weit ähneln, daß ihre Komplexitätsfunktionen lediglich durch Polynomiale unterschiedlichen Grades ausgedrückt werden oder daß sie sich durch polynomial beschränkte Transformationsalgorithmen ineinander überführen lassen. Diese Äquivalenzklassenbildung nach dem Kriterium der Irrelevanz polynomial beschränkter Komplexitätsdifferenzen liegt auch allen nachstehend erörterten Konzepten der Komplexitätstheorie zugrunde[176].

Aus der Sicht des Operations Research ist eines der bedeutsamsten P-komplexen Probleme das der linearen Optimierung. Es wurde lange Zeit - unter dem Blickwinkel der worst case-Analyse - für schwieriger als P-komplex gehalten. Erst in jüngster Zeit konnte nachgewiesen werden, daß es sich tatsächlich um ein Problem aus der Klasse P handelt. Hierauf wird in Abschnitt 3.3.2 ausführlich eingegangen[177]. Ein weiteres grundlegendes P-komplexes Problem besteht in der Aufgabe zu entscheiden, ob ein linear-homogenes diophantisches Gleichungssystem der Form $\underline{A} \cdot \underline{x} = \underline{0}$ (mindestens) eine ganzzahlige Lösung $\underline{x}$ besitzt[178].

---

175) Eine Ausnahme stellt die Betrachtung der logarithmisch beschränkten Probleme dar, die eine Subklasse der polynomial beschränkten Probleme bilden; vgl. Garey (1979), S. 177ff.

176) Vgl. Parker (1982a), S. 4.

177) Vgl. S. 129ff., insbesondere S. 133ff.

178) Der polynomial beschränkte Lösungsalgorithmus für dieses Problem ist zugleich konstruktiv, d.h. er gibt auch die ganzzahlige Lösung konkret an, falls sie existiert; vgl. von zur Gathen (1976), S. 64f.

Um die komplexitätstheoretische Vorgehensweise bei worst case-Analysen zu verdeutlichen, wird beispielhaft auf den Nachweis eingegangen, daß ein spezielles, einfach strukturiertes Problem aus dem Bereich der Maschinenbelegungsplanung zur Klasse P gehört[179].

Betrachtet sei die Belegung einer Maschine mit n Aufträgen A_i (i=1,...,n) in einer einstufigen Produktion, d.h. jeder Auftrag benötigt zu seiner Ausführung nur die Bearbeitung auf der betrachteten Maschine. b_i bezeichnet die Bearbeitungszeit des Auftrags A_i. In jedem Zeitpunkt kann nur höchstens ein Auftrag bearbeitet werden. Jeder Auftrag A_i, dessen Bearbeitung einmal in Angriff genommen worden ist, wird ohne Unterbrechung in der Zeitspanne b_i abgearbeitet[180]. Mit t_i als Zeitpunkt des Beginns der Auftrags-Bearbeitung findet diese ihr Ende im Zeitpunkt t_i+b_i. Die Durchlaufzeit d_i eines Auftrags A_i beträgt die Summe aus seiner Wartezeit bis zum Beginn seiner Bearbeitung und aus seiner Bearbeitungszeit auf der Maschine, also $d_i=t_i+b_i$. Das Ziel, die Summe D der Durchlaufzeiten aller n Aufträge (Gesamtdurchlaufzeit) zu minimieren[181], konstituiert das nachfolgend zu lösende Optimierungsproblem:

---

179) Vgl. Brucker (1979), S. 76ff.

180) Diese Bearbeitungszeiten werden fortan als ganzzahlig unterstellt. Diese Voraussetzung ist notwendig für eine spätere Erörterung der Messung des Problemumfangs; vgl. Fußnote 189). Hierin liegt keine wesentliche Einschränkung der Allgemeingültigkeit, weil zumindest alle rationalzahligen Bearbeitungszeiten durch Multiplikation mit einer hinreichend großen Zahl auf Ganzzahlen abgebildet werden können und sich die resultierende Lösung des Ersatzproblems durch entsprechende Division in die Lösung des ursprünglichen Problems zurücktransformieren läßt.

181) Ebenso könnte die durchschnittliche Durchlaufzeit d=D:n des Auftrags-Pakets minimiert werden. Wegen der Konstanz des Divisors n wäre zwar der optimale Wert der modifizierten Zielfunktion ein anderer, aber der optimale Maschinenbelegungsplan mit dem bei der Minimierung der Durchlaufzeiten-Summe identisch.

$$D= \sum_{i=1}^{n} (t_i+b_i) \to min! \qquad mit \ t_i \geq 0 \ für \ alle \ i=1,\ldots,n$$

Der Einfachheit halber wird unterstellt[182], daß die Maschine mit dem ersten Auftrag $A_{p(1)}$ im Zeitpunkt $t_{p(1)}=0$ belegt wird. Hierbei bezeichnet der Index $p(j)=i$, daß der Auftrag A_i auf der Maschine an j-ter Stelle bearbeitet wird. Beispielsweise bedeutet $t_7=0$ mit $p(1)=7$, daß mit der Bearbeitung von Auftrag A_7 auf der Maschine begonnen wird. Ferner wird angenommen, daß mit der Bearbeitung des nächsten Auftrags begonnen wird, sobald die Maschine den vorangehenden Auftrag beendet hat, d.h. es gilt $t_{p(j+1)}=t_{p(j)}+b_{p(j)}$ für alle $j=1,\ldots,n$. Dann läßt sich die Zielfunktion D äquivalent transformieren in[183]:

$$D= \sum_{j=1}^{n} (t_{p(j)}+b_{p(j)}) \to min!$$

$$\Leftrightarrow \quad D=(0+b_{p(1)})+(0+b_{p(1)}+b_{p(2)})+(0+b_{p(1)}+b_{p(2)}+b_{p(3)})+ \ldots +(0+b_{p(1)}+\ldots+b_{p(n)}) \to min!$$

$$\Leftrightarrow \quad D= \sum_{k=1}^{n} (\sum_{j=1}^{k} b_{p(j)})= \sum_{j=1}^{n} (n-j+1) \cdot b_{p(j)} \to min!$$

Der zuletzt angeführte Term der Zielfunktion D zeigt, daß die Bearbeitungszeiten $b_{p(j)}$ um so niedriger mit dem Faktor $(n-j+1)$ gewichtet werden, je größer j ist, also je später die Aufträge $A_{p(j)}$ in der Bearbeitungs-Reihenfolge an der Maschine eingereiht wird. Die Gesamtdurchlaufzeit wird genau dann minimiert, wenn die Aufträge mit den längsten Bearbeitungszeiten am geringsten gewichtet werden. Daher resultiert ein optimaler Maschinenbelegungsplan, wenn die Aufträge so in der Belegungs-Reihenfolge $A_{p(1)},\ldots,A_{p(n)}$ angeordnet werden,

---

182) Ein Abweichen von dieser Prämisse beeinflußt nicht die gesuchte optimale Maschinenbelegung, sondern nur die absolute Zeitskala.

183) Die Beachtung der o.a. Nichtnegativitäts-Bedingungen für die Variablen t_i wird fortan implizit unterstellt.

daß ihre Bearbeitungszeiten gemäß $b_{p(1)} \leqslant \ldots \leqslant b_{p(n)}$ (positiv) monoton steigen[184].

Die Lösung des o.a. Optimierungsproblems besteht im Ausweis (mindestens[185]) eines optimalen Maschinenbelegungsplans durch Angabe der Zeitpunkte t_i, in denen jeweils die Bearbeitung der Aufträge A_i begonnen wird, und in der Ermittlung der zugehörigen minimalen Gesamtdurchlaufzeit D_{min}. Ein einfacher Lösungsalgorithmus für diese Aufgabe lautet[186]:

1) Ordne alle Aufträge A_i (i=1,...,n) durch einen Sortierprozeß so an, daß die geordneten Aufträge eine Folge $A_{p(1)}, \ldots, A_{p(n)}$ mit $b_{p(1)} \leqslant \ldots \leqslant b_{p(n)}$ bilden[187].

2) Initialisiere j:=1 und $t_{p(1)}:=0$.

3) DO UNTIL j=n
    j:=j+1
    $t_{p(j)}:=t_{p(j-1)}+b_{p(j-1)}$
ENDDO

4) $D_{min}:=t_{p(j)}+b_{p(j)}$

Der erste Algorithmusschritt benötigt, wenn auf die derzeit bestbekannten Sortierverfahren, wie z.B. den "Quick-" oder den "Heap-Sort", zurückgegriffen wird, im ungünstigsten Fall n·log n elementare Sortieroperatio-

---

184) Es wird kein streng (positiv) monotones Anwachsen der Bearbeitungszeiten der geordneten Aufträge gefordert, da mehrere Aufträge die gleiche Bearbeitungszeit aufweisen können.

185) Die Lösung des Optimierungsproblems ist mehrdeutig, falls unterschiedliche Maschinenbelegungen mit derselben minimalen Gesamtdurchlaufzeit existieren.

186) Das Symbol ":=" steht für die Wertzuweisung einer Variablen. Der Ausdruck "DO UNTIL ... ENDDO" beschreibt eine Iteration ("Schleife") mit Abbruchsbedingung.

187) Dies bedeutet materiell, daß die Bearbeitungszeiten $b_{p(j)}$ in (positiv) monoton wachsender Folge sortiert werden müssen.

nen[188]. Wird die Problemlänge durch die Anzahl n der einzuplanenden Aufträge gemessen[189], besitzt die Anordnung der Aufträge die Komplexität $O(n) = n \cdot \log n$.

Zweiter und vierter Algorithmusschritt sind von der Problemlänge unabhängig. Sie besitzen jeweils nur die Komplexität $O(n) = c \cdot n^0 = c$. Der dritte Algorithmusschritt benötigt $2(n-1)$ elementare Operationen, weist also die Komplexität $O = (n)$ auf. Da der Lösungsaufwand des Algorithmus vom aufwendigsten seiner Teilschritte – hier der Sortierroutine – abhängt, wird er insgesamt durch das "Polynomial"[190] $n \cdot \log n$ nach oben beschränkt. Folglich beträgt die Komplexität des o.a. Optimierungsproblems $O(n \cdot \log n)$; es gehört zur Klasse der P-komplexen Probleme.

---

188) Der Nachweis dieses Sachverhalts setzt DV-technische Kenntnisse der Gestaltung von Sortierroutinen voraus, die an dieser Stelle nicht weiter erörtert werden sollen. Vgl. aber hierzu die ausführlichen Darlegungen z.B. bei Mehlhorn (1986) passim.

189) Es liegt hier also keine binäre Codierung der Problemlänge vor. Die Komplexitätserkenntnisse würden sich jedoch nicht ändern, wenn zu einer solchen Binärcodierung übergegangen würde. Dann verursachte das Sortierproblem, die n ganzzahligen Bearbeitungszeiten $b_{p(j)}$ ihrer Größe nach anzuordnen, den Codierungsaufwand $m = (\log b_{p(1)}) + \ldots + (\log b_{p(n)})$ mit $m \geqslant n$ als Problemlänge; vgl. Brucker (1979), S. 78. Wenn eine Sortierroutine bezüglich des Problemumfangs n durch $n \cdot \log n$ nach oben beschränkt ist, muß sie erst recht für den größeren (oder allenfalls gleich großen) binär codierten Problemumfang durch $m \cdot \log m$ nach oben beschränkt sein. Denn mit $r(m) = r(n)$ als Lösungsaufwand für ein vorgegebenes, beliebiges Sortierproblem, dessen Länge lediglich unterschiedlich gemessen wurde, gilt unter Bezugnahme auf die Definitionsgleichung für die Komplexitätsfunktion O (vgl. S. 44): $r(n) \leqslant c \cdot n \cdot \log n$ und $r(m) = r(n)$ und $m \geqslant n \Rightarrow r(m) \leqslant c \cdot m \cdot \log m \Rightarrow r(m) = O(m \cdot \log m)$. Durch den Übergang zur binären Codierungsweise kann die obere Schranke $m \cdot \log m$ im worst case nicht echt unterschritten werden.

190) Vgl. die Anmerkungen in den Fußnoten 29) u. 163) zur Subsumtion logarithmischer Ausdrücke unter den Polynomial-Begriff.

2.6.1.3 NP-komplexe Probleme

Die weitaus überwiegende Anzahl der im Bereich des Operations Research "interessanten" Probleme, die Entwickler von Lösungsalgorithmen vor anspruchsvolle Aufgaben stellen, besitzen eine komplexere Struktur als das voranstehend erläuterte Beispiel eines einfachen Maschinenbelegungs-Problems. Solche Probleme, die sich nicht mehr in polynomial beschränkter Weise mit deterministischen Turing-Automaten lösen lassen, gehören in der Regel zur Klasse NP.

Die Klasse NP umfaßt alle Probleme (kurz: NP-komplexe Probleme)[191], die sich mit der Hilfe von nondeterministischen (sequentiellen) Turing-Automaten[192] in polynomial beschränkter Weise lösen lassen[193].

Ein nondeterministischer Turing-Automat kann als ein Ensemble aus deterministischen (Sub-)Turing-Automaten vorgestellt werden. Bei der Problemlösung wird - wie z.B. bei branch and bound-Algorithmen - ein Suchbaum konstruiert. In jedem Knoten dieses Baums, der kein Endknoten ("Blatt") ist, wird je ein Sub-Automat auf die Analyse desjenigen Teilproblems angesetzt, das in diesem Knoten zu lösen ist. Die räumliche Ausdehnung

---

191) Vgl. zur Klasse der NP-komplexen Probleme Karp (1972), S. 91ff.; Lenstra (1977), S. 344ff.; Garey (1979), S. 29ff.; Brucker (1979), S. 78ff.; Bachem (1980), S. 822ff., insbesondere S. 827; Brucker (1981), S. 41ff., insbesondere S. 47ff. u. 52; Parker (1982a), S. 8f.

192) Vgl. Schnorr (1974), S. 183f.; Karp (1975b), S. 45, 47 u. 58 (nondeterministische Algorithmen); Ullman (1976), S. 144f.; Häussler (1976), S. 20f.; Savage (1976), S. 348f.; Zervos (1977), S. 297ff.; Garey (1979), S. 30ff. i.V.m. S. 28f.; Brucker (1979), S. 78f.; Lenstra (1979), S. 123; Brucker (1981), S. 42 u. 153ff.

193) Vgl. Karp (1972), S. 91f.; Schnorr (1974), S. 183; Ullman (1976), S. 145; Garey (1979), S. 13, 17, 29 u. 31f.; Lenstra (1979), S. 123; Bachem (1980), S. 823; Brucker (1981), S. 155f.; Li (1984), S. 212 (mittelbar).

des Suchbaums - hier verstanden als die Anzahl seiner (verzweigten) Knoten - nimmt für ein Problem im allgemeinen nur exponentiell beschränkt mit dem Problemumfang zu. Darüber hinaus folgt aus der Definition der Komplexitätsfunktion O, daß dieser Umfang beliebig große Werte annehmen kann. Daher muß das Ensemble der Sub-Automaten potentiell unbegrenzt sein und mit dem Problemumfang exponentiell beschränkt anwachsen.

Da reale Automaten nur aus endlich vielen Komponenten bestehen können, läßt sich das Konzept der nondeterministischen Turing-Automaten grundsätzlich nicht verwirklichen. Es stellt eine automaten- und komplexitätstheoretische Fiktion dar[194]. Es ist allerdings möglich aufzuzeigen, daß die Funktionsweise solcher fiktiven Automaten immer durch "reale"[195] Automaten - die sich auf deterministische Turing-Automaten abbilden lassen - mit exponentiell beschränkter Zeitkomplexität simuliert werden kann[196].

Daher ist es möglich, NP-komplexe Probleme im schlechtesten Fall durch exponentiell beschränkte (und real implementierbare) Algorithmen zu lösen[197]. Aus diesem Grund werden Probleme aus der Klasse NP oftmals auch als exponentiell[198] - oder "superpolynomial"[199] - beschränkte Probleme bezeichnet. Es bleibt offen, ob sich für diese NP-komplexen Probleme auch effizientere

---

194) Vgl. Lenstra (1979), S. 123; Garey (1979), S. 29.

195) Hierbei wird von Aspekten der Raumkomplexität abstrahiert. Für eine solche Abbildung muß vorausgesetzt werden, daß die realen Automaten auf hinreichend große (externe) Speicher zugreifen können, damit ihre tatsächliche Speicherbegrenzung bei der Problemlösung nicht in Konflikt mit dem potentiell unendlichen Bandspeicher von Turing-Automaten gerät; vgl. hierzu die Anmerkungen auf S. 20.

196) Vgl. Cook (1971), S. 157; Ullman (1976), S. 145; Bachem (1980), S. 823 i.V.m. S. 828f.

197) Vgl. Garey (1979), S. 32f. (mit Beweis); Lenstra (1979), S. 122.

198) Vgl. Garey (1979), S. 6.

199) Vgl. Lenstra (1976), S. 1; Lenstra (1979), S. 122.

als exponentiell beschränkte Lösungsalgorithmen finden lassen[200].

Die baumartige Struktur der nondeterministischen Turing-Automaten kann auch in der Weise interpretiert werden, daß NP-komplexe Probleme leicht zu verifizieren, aber schwer zu lösen sind[201]. Die leichte Verifizierungsmöglichkeit bedeutet, daß eine exogen vorgeschlagene Problemlösung mit polynomial beschränktem Aufwand hinsichtlich ihrer Zulässigkeit überprüft werden kann. Dies entspricht dem Einsatz eines deterministischen Turing-Automaten in einem Knoten des o.a. Suchbaums. Da aber die Anzahl möglicher Problemlösungen in Abhängigkeit vom Problemumfang im allgemeinen nur exponentiell beschränkt anwächst, müssen zum Auffinden der Problemlösung im ungünstigsten Fall, daß alle vorgegebenen und überprüften Lösungen - bis auf die letzte Lösung - unzulässig sind, exponentiell beschränkt viele Verifizierungsschritte ausgeführt werden. Entsprechend wird im o.a. Bild der gesamte Suchbaum möglicher Problemlösungen erzeugt.

Da P-komplexe Probleme durch einen deterministischen Turing-Automaten mit polynomial beschränktem Aufwand gelöst - nicht nur hinsichtlich einer vorgeschlagenen Lösung verifiziert - werden können, sind sie sowohl leicht zu verifizieren als auch leicht zu lösen. Erst recht lassen sie sich durch nondeterministische Turing-Automaten in polynomial beschränkter Weise lösen, weil deterministische Turing-Automaten (degenerierte) Spezialfälle ihrer nondeterministischen Pendants darstellen[202]. Daher ist die Klasse P notwendig eine - unter

---

200) Näheres hierzu auf S. 70ff. zur Frage: P=NP?; vgl. auch die Anmerkungen auf S. 62.

201) Vgl. zum folgenden Parker (1982a), S. 8f.; Karp (1986), S. 104; weniger deutlich auch Garey (1979), S. 28 u. 30ff.

202) Vgl. Häussler (1976), S. 21; Mehlhorn (1977), S. 193; Garey (1979), S. 32.

Umständen[203] unechte - Teilklasse der Klasse NP, d.h. es gilt $P \subseteq NP$[204].

Von primärem Interesse sind in der Klasse NP daher jene Probleme, die mit Sicherheit nicht zur Teilklasse P gehören und somit echt komplexer als die P-komplexen Probleme sind. Um so erstaunlicher mag es erscheinen, daß bis heute nicht streng nachgewiesen werden konnte, ob überhaupt ein solches Problem existiert, ob also die Restklasse NP-P mindestens ein Element enthält. Dies ist äquivalent mit der Frage, ob für die Klassen P und NP entweder die Beziehung $P \neq NP$ oder aber $P = NP$ gilt.

Zwar gibt es eine Vielzahl von Problemen, für die keine polynomial beschränkten Algorithmen bekannt sind. Doch die Komplexität im strengen Sinne[205] wird nicht vom Lösungsaufwand des bestbekannten, sondern des theoretisch bestmöglichen, aber u.U. noch unbekannten Algorithmus bestimmt. Daher steht für diese Probleme - sofern sie zur Klasse NP gehören - nur fest, daß die exponentielle Beschränktheit ihrer bestbekannten Algorithmen eine obere Grenze ihrer Komplexität (im strengen Sinne) bildet[206]. Ob später doch noch bessere, polynomial beschränkte Algorithmen entdeckt werden, bleibt für diese Probleme unter heutigem Erkenntnisstand offen. Folglich kann auch ihre Zugehörigkeit zur Klasse P derzeit nicht entschieden werden.

Um dieses fundamentale, ungelöste (Meta-)Problem der Komplexitätstheorie präziser darzustellen, wird nachfolgend eine weitere Komplexitätsklasse, die Klasse der NP-vollständigen Probleme, eingeführt.

---

203) Näheres hierzu auf S. 70ff. zur Frage: P=NP?

204) Vgl. Lenstra (1977), S. 344; Garey (1979), S. 32; Bachem (1980); S. 823; Parker (1982a), S. 9; Lenstra (1982), S. 202; Karp (1986), S. 104.

205) Vgl. hierzu die Ausführungen auf S. 48f.

206) Dennoch werden diese Probleme in der Regel als exponentiell beschränkt bezeichnet, da im allgemeinen das Konzept der Komplexität im schwachen Sinne implizit unterstellt wird; vgl. S. 50.

2.6.1.4 NP-vollständige Probleme

Die NP-vollständigen Probleme stellen einen Sonderfall der NP-komplexen Probleme dar. Ihre Definition setzt das Konzept die Reduzierbarkeit eines Problems auf ein anderes Problem voraus, das in den meisten komplexitätstheoretischen Beweisführungen eine zentrale Rolle spielt.

Ein Problem P_i läßt sich auf ein Problem P_j reduzieren[207], wenn für jede Ausprägung von Problem P_i mit der Hilfe eines polynomial beschränkten (deterministischen) Algorithmus eine Ausprägung von Problem P_j in der Weise konstruiert werden kann, daß sich jede Lösung der Ausprägung von Problem P_j in die Lösung einer Ausprägung von Problem P_i zurücktransformieren läßt. Da Reduzierbarkeitsbeweise erhebliche komplexitätstheoretische Kenntnisse und Fertigkeiten voraussetzen, wird hier auf ihre konkrete Durchführung nicht näher eingegangen[208]. Im Vordergrund des Interesses stehen vielmehr die Konsequenzen, die sich aus dem Umstand folgern lassen, daß ein Problem auf ein anderes Problem reduziert werden kann.

Die Reduzierbarkeit von Problem P_i auf Problem P_j bedeutet, daß Problem P_i als ein Spezialfall von Problem P_j betrachtet werden kann. Wenn ein (konstruktiver) Lösungsalgorithmus für Problem P_j existiert, so

---

207) Vgl. Karp (1972), S. 86 u. 88; Karp (1975b), S. 54; Garey (1975), S. 399; Ullman (1976), S. 142; Brucker (1976b), S. 669; Paul (1978), S. 182; Valiant (1978), S. 330; Garey (1979), S. 34ff. u. 111; Brucker (1979), S. 80; Lenstra (1979), S. 123; Peterson (1981), S. 117 u. 119; Parker (1982a), S. 6f.; Goldberg (1984), S. 45.
Es wird hier nicht auf die - in den vorgenannten Quellen enthaltene - Differenzierung zwischen den beiden Konzepten der polynomial beschränkten Reduzierbarkeit und Transformierbarkeit eingegangen, weil diese Konzepte zu äquivalenten Ergebnissen führen; vgl. Garey (1979), S. 118.

208) Vgl. hierzu z.B. die Reduzierbarkeitsbeweise bei Garey (1979), S. 39ff. u. 47ff.

ist es möglich, hieraus einen Lösungsalgorithmus für Problem P_i derart abzuleiten, daß die Ressourcenanforderungen beider Algorithmen nicht mehr als polynomial beschränkt voneinander abweichen. Da solche Aufwandsdifferenzen aus der Sicht der Komplexitätstheorie irrelevant sind[209], folgt aus der Kenntnis des Lösungsalgorithmus für Problem P_j die Möglichkeit, einen gleich komplexen Lösungsalgorithmus für Problem P_i zu konstruieren. Daher ist Problem P_i höchstens so schwierig wie Problem P_j[210], oder - in äquivalenter Formulierung - Problem P_j ist mindestens so schwierig zu lösen - also mindestens so komplex - wie Problem P_i[211].

Die Reduzierbarkeit von Problemen wird in der Komplexitätstheorie zuerst - verstanden im logischen, nicht im historischen Sinne - auf das Erfüllbarkeits-Problem der Aussagenlogik[212] angewendet. Dieses Problem ist die Aufgabe zu entscheiden, ob eine aussagenlogische Formel in konjunktiver Normalform den Wahrheitswert "wahr" für mindestens eine Belegung ihrer atomaren Aussagen mit den Wahrheitswerten "wahr" oder "falsch" annimmt. Eine solche Formel ist entweder eine einzelne atomare, d.h. nicht weiter strukturierte Aussage oder eine komplexe Aussage, die nur aus atomaren

---

209) Vgl. S. 9 u. 54.

210) Problem P_i wäre weniger schwierig als Problem P_j, wenn sich - unabhängig vom Nachweis der Reduzierbarkeit von P_i auf P_j - für Problem P_i ein eigenständiger Algorithmus konstruieren läßt, der weniger komplex als der o.a. Lösungsalgorithmus für Problem P_j ist.

211) Vgl. Lenstra (1979), S. 123.

212) Vgl. Lenstra (1979), S. 123; Garey (1979), S. 38f.; Brucker (1979), S. 79f.; Parker (1982b), S. 84. Allerdings nehmen Garey und Brucker keinen Bezug auf die konjunktive Normalform; siehe hierzu die Erläuterung in Fußnote 213).

Aussagen, deren Negaten oder dem logischen "und"[213] zusammengesetzt ist.

Beispielsweise mögen A_i, A_j und A_k atomare Aussagen vertreten, während die Symbole "$\wedge$" und "$\neg$" das logische "und" bzw. das logische "nicht" bezeichnen. Dann stellt die Aussage $A=(A_i\wedge(\neg A_j)\wedge A_k)$ eine zusammengesetzte aussagenlogische Formel in konjunktiver Normalform dar. Für jede atomare Aussage sind die Wahrheitswerte "wahr" oder "falsch" möglich, so daß für die Formel A insgesamt $2^3=8$ unterschiedliche Belegungen ihrer atomaren Aussagen mit Wahrheitswerten gebildet werden können.

Das Erfüllbarkeits-Problem besteht in der Aufgabe herauszufinden, ob unter diesen Belegungen mindestens eine existiert, für welche - gemäß den aussagenlogischen Regeln zur Ableitung des Wahrheitswertes zusammengesetzter Formeln[214] - die Formel den Wahrheitswert

---

213) Da die Verknüpfung zweier atomarer Aussagen durch das logische "und" als Konjunktion bezeichnet wird, liegt eine Aussage, die nur diesen Verknüpfungstyp - neben der Negation einer Aussage - zuläßt, in "konjunktiver Normalform" vor.
Jede aussagenlogische Formel läßt sich in eine solche konjunktive Normalform transformieren, ohne den Wahrheitswert der Formel zu verändern. Denn für aussagenlogische Formeln sind als logische Operationen nur die Negation ($\neg$), die Konjunktion ($\wedge$) und die Adjunktion ($\vee$) zugelassen. Die Adjunktion, das logische "oder" im nicht-ausschließlichen Sinn, kann aber immer in einen äquivalenten Komplex aus Konjunktion und Negation transformiert werden. Mit A_i und A_j als beliebigen Aussagen gilt nämlich mit Hilfe der Regel von de Morgan: $A_i\vee A_j$ <=> $\neg((\neg A_i)\wedge(\neg A_j))$.

214) Im Regelfall werden diese Wahrheitswerte in "Wahrheitswertetafeln" ermittelt, die alle möglichen Belegungen der atomaren Aussagen mit Wahrheitswerten kombinatorisch auflisten und den Wahrheitswert der zu untersuchenden Formel sukzessiv aus den Wahrheitswerten einfacherer Teilformeln herleiten. Die Wahrheitswertetafeln für die einfachsten nicht-atomaren Aussagen - das Negat einer atomaren Aussage oder das Konjugat zweier atomarer Aussagen - sind in der Aussagenlogik axiomatisch vorgegeben.

"wahr" annimmt. Im o.a. Beispiel ist dies für die Formel A der Fall, wenn die Aussagen A_i und A_k jeweils mit dem Wahrheitswert "wahr" belegt werden und der Aussage A_j der Wahrheitswert "falsch" zugeordnet wird.

Die Suche nach dem Wahrheitswert "wahr" einer Formel, die aus n atomaren Aussagen mit jeweils 2 möglichen Wahrheitswerten zusammengesetzt ist, erfordert im schlechtesten Fall[215] die Auflistung aller kombinatorisch zulässigen Belegungen der atomaren Aussagen mit Wahrheitswerten. Daher müssen maximal 2^n Belegungen untersucht werden. Je Belegung variiert zwar die Ermittlung des Wahrheitswertes der zusammengesetzten Formel mit der logischen Art der Verknüpfung der atomaren Aussagen, wächst aber mit deren Anzahl n nur linear beschränkt an. Wird die Problemlänge durch die Anzahl n der atomaren Aussagen gemessen, beträgt die Komplexität des Erfüllbarkeits-Problems also $O(2^n)$, ist somit nur exponentiell beschränkt. Daher ist das Erfüllbarkeits-Problem NP-komplex[216].

---

215) Dieser Fall tritt ein, wenn für alle aufgelisteten Wahrheitswerte-Belegungen - bis auf die letzte - der Wahrheitswert der zusammengesetzten Formel A "falsch" resultiert, so daß hinsichtlich des gesuchten Wahrheitswertes "wahr" erst bei der Untersuchung der letzten zulässigen Belegung definitiv entschieden werden kann.

216) Anstelle der voranstehenden Argumentationsweise hätte ebenso ein nondeterministischer Turing-Automat betrachtet werden können, der Belegungen der atomaren Aussagen mit Wahrheitswerten jeweils zufällig erzeugt. Ob eine Belegung zu einer wahren zusammengesetzten Formel führt, kann in linear - also polynomial - beschränkter Weise verifiziert (oder falsifiziert) werden (s.o.). Entscheidungsprobleme, die sich durch nondeterministische Turing-Automaten mit polynomial beschränktem Aufwand lösen lassen, sind aber - vgl. S. 59 - per definitionem NP-komplex; q.e.d. Vgl. hierzu auch Garey (1979), S. 39; Brucker (1979), S. 80.

Cook bewies[217] im Jahr 1971 die zentrale komplexitätstheoretische Erkenntnis, daß das Erfüllbarkeits-Problem nicht nur zur Klasse NP gehört, sondern darüber hinaus alle NP-komplexen Probleme auf dieses Problem reduziert werden können[218]. Infolge dieser Reduzierbarkeit müssen alle NP-komplexen Probleme höchstens so komplex sein wie das Erfüllbarkeits-Problem[219]. Daher stellt es den "Prototyp"[220] der schwierigsten Probleme aus der Klasse NP dar.

Dieser Prototyp wird durch das Konzept der NP-vollständigen Probleme verallgemeinert. Ein Problem heißt NP-vollständig, wenn es erstens zur Klasse NP gehört und zweitens alle NP-komplexen Probleme auf dieses Problem reduziert werden können[221]. Der o.a. Beweis von Cook zeigt die NP-Vollständigkeit des Erfüllbarkeits-Problems unmittelbar auf.

Infolge des definitionsbedingten Reduzierungszusammenhangs zwischen NP-komplexen und NP-vollständigen Problemen ist jedes NP-komplexe Problem höchstens so komplex wie jedes NP-vollständige Problem. Umgekehrt müssen alle NP-vollständigen Probleme mindestens so schwierig wie alle Probleme aus der Klasse NP sein. Die

---

217) Vgl. Cook (1971), S. 155f.; Karp (1972), S. 90 u. 92f.; Ullman (1976), S. 147ff.; Häussler (1976), S. 22ff., insbesondere S. 25; Savage (1976), S. 352ff.; Schuster (1976), S. 36ff.; Garey (1979), S. 39ff.; Brucker (1981), S. 160ff.; Parker (1982b), S. 83f.; Karp (1986), S. 104f.

218) Der Beweis der Reduzierungsmöglichkeit fällt außerordentlich anspruchsvoll aus; vgl. hierzu die in Fußnote 217) angegebenen Quellen zum Cook-Theorem, insbesondere die Ausführungen von Garey (1979), S. 39ff.

219) Vgl. die Erläuterungen auf S. 63f., insbesondere S. 64.

220) Karp (1986), S. 104, spricht von einem "archetypischen" ("archetypal") Problem.

221) Vgl. Hartmanis (1976a), S. 32; Garey (1979), S. 37; Lenstra (1979), S. 123; Parker (1982b), S. 84; Clausen (1986), S. 32.

erstgenannten bilden daher die Teilklasse der schwierigsten NP-komplexen Probleme[222].

Mittels des Reduzierungs-Operation lassen sich alle anderen NP-komplexen Probleme auf NP-Vollständigkeit untersuchen. Wenn sich mindestens ein Problem, das bereits als NP-vollständig nachgewiesen wurde - also im Zweifelsfall das o.a. Erfüllbarkeits-Problem -, auf das betrachtete NP-komplexe Problem reduzieren läßt, muß das NP-vollständige Problem höchstens so schwierig sein wie das NP-komplexe Problem. Da aber die NP-vollständigen schon als die schwierigsten Probleme aus der Klasse NP nachgewiesen sind, muß auch das untersuchte NP-komplexe Problem zu den schwierigsten Problemen der Klasse NP gehören. Folglich ist dieses Problem notwendig NP-vollständig; q.e.d.

Da die NP-vollständigen Probleme mindestens so komplex wie alle Probleme aus der Klasse NP sind, konzentriert sich das Interesse der Komplexitätstheorie auf die Klasse der NP-vollständigen Probleme[223]. Obwohl sie nur die schwierigsten Problem aus der Klasse NP

---

222) Vgl. Garey (1979), S. 37.

223) Vgl. die in Fußnote 191) angegebenen Quellen zu Problemen aus der Klasse NP, die als thematischen Schwerpunkt zumeist die NP-Vollständigkeit von Problemen erörtern. Vgl. als spezielle Abhandlungen über NP-vollständige Probleme auch Garey (1979), S. 13f., 37ff., 118ff. (eine Skizze der historischen Entwicklung der Analyse NP-vollständiger Probleme) u. 121ff. Diese Quelle gilt als Standardwerk der Theorie NP-vollständiger Probleme. Vgl. des weiteren Karp (1972), S. 93ff.; Ullman (1973), S. 96ff.; Sahni (1974), S. 28ff.; Hartmanis (1976a), S. 30ff.; Ullman (1976), S. 139ff.; Savage (1976), S. 347ff., insbesondere S. 356ff.; Schuster (1976), S. 36ff.; Garey (1978), S. 499ff.; Brucker (1981), S. 145ff.
Abweichend stellen Karp (1976), S. 2ff., und Parker (1982b), S. 83ff., die - allerdings eng verwandten - NP-harten Probleme in den Vordergrund.

darstellen[224], werden sie bei oberflächlicher Betrachtung als Inbegriff der komplexesten Probleme überhaupt angesehen[225]. Auch aus dem Blickwinkel des Operations Research erweist sich die Mehrzahl "interessanter" Probleme als NP-vollständig[226]. Auf Beispiele hierfür wird hier verzichtet, da dieser Aspekt in Abschnitt 3.1 näher beleuchtet wird[227].

Wenn ein Problem als NP-vollständig nachgewiesen wird, gilt dies als Rechtfertigung, zu seiner Lösung nicht nach effizienten, d.h. polynomial beschränkten Algorithmen zu suchen, sondern sofort auf enumerative Algorithmen zurückzugreifen[228]. Enumerative Algorithmen werden infolge ihrer strukturbedingten exponentiellen Beschränktheit als ineffizient eingestuft. Diese Rechtfertigung wird aus der Kongruenz zwischen der baumartigen Struktur von nondeterministischen Turing-Automaten, welche die NP-komplexen und somit auch die NP-vollständigen Probleme zu lösen vermögen, und der ebenfalls baumartigen Struktur von enumerativen Algorithmen gefolgert[229]. Die bekanntesten Vertreter solcher Algorithmen stammen aus den - nicht disjunkten - Klassen der branch and bound- und der backtracking-Algorithmen.

---

224) Dies folgt unmittelbar aus der Definition der NP-vollständigen Probleme; vgl. auch Mehlhorn (1977), S. 201; Lenstra (1978), S. 23; Garey (1979), S. 37; Bachem (1980), S. 827; Lenstra (1982), S. 202.

225) Vgl. z.B. Valiant (1978), S. 330.

226) Die gleiche Ansicht vertritt Hartmanis (1976a), S. 30, ohne Bezug zum Operations Research.

227) Vgl. S.98ff.

228) Vgl. Brucker (1975), S. 5 u. 26; Ullman (1976), S. 139; Brucker (1976a), S. 366f.; Lenstra (1977), S. 345f. u. 360; Lenstra (1979), S. 122; Wehr (1980), S. 71; French (1982), S. 176; Lenstra (1982), S. 202.

229) Dies geht mittelbar aus Karp (1975b), S. 45, 47 u. 50, hervor.

Aufgrund der NP-Vollständigkeit eines Problems kann aber nicht nur gerechtfertigt werden, ineffiziente Algorithmen zu seiner exakten Lösung heranzuziehen. Ebenso plausibel ist es, infolge der hohen Problemkomplexität auf eine exakte Lösung zu verzichten und stattdessen approximative[230] oder heuristische[231] Algorithmen anzuwenden[232]. Diese Algorithmen lassen sich oftmals polynomial beschränken, erweisen sich somit wieder als effizient. Approximative Algorithmen garantieren, eine Problem"lösung" zu finden, deren Abweichung von der exakten Lösung ein maximal vorgegebenes Maß nicht überschreitet. Heuristische Algorithmen führen höchstens zufällig zu den exakten Problemlösungen. Sie erzeugen im Regelfall jedoch nur Näherungslösungen, deren Abstand von der exakten Lösung nicht nach oben beschränkt werden kann.

Die beiden voranstehenden Argumentationen zeigen auf, wie aus klassifikatorischen Erkenntnissen der Komplexitätstheorie konkrete Handlungsempfehlungen für die Algorithmenauswahl im Bereich des Operations Research abgeleitet werden können. Allerdings sind diese Empfehlungen nur bedingt gerechtfertigt. Denn sie beruhen auf der Voraussetzung, daß für NP-vollständige Probleme keine effizienten exakten Lösungsalgorithmen existieren. Tatsächlich konnte die Korrektheit dieser Annahme bisher jedoch weder bewiesen noch widerlegt werden.

Denn die Beantwortung der Frage, ob für mindestens ein NP-vollständiges Problem ein polynomial beschränkter, d.h. effizienter Lösungsalgorithmus existiert, stellt - wie bereits oben angedeutet wurde[233] - ein fundamentales, noch ungelöstes (Meta-)Problem der Kom-

---

230) Vgl. Dinkelbach (1979), Sp. 1384. Streim (1975), S. 147, spricht ähnlich von "Näherungsverfahren".

231) Vgl. Streim (1975), S. 147f.

232) Vgl. Lenstra (1979), S. 122.

233) Vgl. S. 60f., dort allerdings noch weniger präzise unter Bezugnahme auf die Klasse der NP-komplexen Probleme.

plexitätstheorie dar[234]. Einerseits gehört jedes Problem, für das ein polynomial beschränkter Lösungsalgorithmus existiert, zur Klasse P. Anderseits sind infolge des Reduzierungszusammenhangs die Lösungsalgorithmen aller Probleme aus der Klasse NP höchstens so komplex wie der bestbekannte Lösungsalgorithmus für ein NP-vollständiges Problem. Daher würde die Existenz eines polynomial beschränkten Algorithmus für ein NP-vollständiges Problem zugleich alle NP-komplexen Probleme mit polynomial beschränktem Aufwand lösen können[235] und die Identität der Komplexitätsklassen P und NP bedeuten[236]. Eine Antwort auf die zentrale Fragestellung P=NP? ist die Komplexitätstheorie allerdings bis heute schuldig geblieben.

Strenggenommen kann nicht aus jedem Existenzbeweis eines polynomial beschränkten Lösungsalgorithmus für ein NP-vollständiges Problem die Lösung aller NP-vollständigen Probleme mit polynomial beschränktem Aufwand abgeleitet werden. Denn wenn dieser Existenzbeweis nicht-konstruktiver Art ist, liegen keine Informationen darüber vor, wie eine einzige dieser Lösungen ermittelt werden könnte. Einige komplexitätstheoretische Arbeiten weisen in die Richtung, daß ein Existenzbeweis - sofern er überhaupt geführt werden kann - nicht-konstruktiv sein muß[237].

---

234) Vgl. Brucker (1976b), S. 669; Hartmanis (1976a), S. 30; Lipton (1978), S. 193; Garey (1979), S. 32; Brucker (1979), S. 83; Bachem (1980), S. 828; Korte (1985), S. 16 u. 25.

235) Vgl. Brucker (1975), S. 4; Karp (1975b), S. 50; Garey (1976a), S. 118; Ullman (1976), S. 142 u. 156f.; Mehlhorn (1977), S. 201; Ecker (1977), S. 243; Lenstra (1977), S. 360; Garey (1978), S. 499; Lenstra (1978), S. 23.

236) Vgl. Mehlhorn (1977), S. 200f.; Lenstra (1978), S. 23; Lenstra (1979), S. 122f.

237) Vgl. Hajek (1979), S. 227ff.; Bachem (1980), S. 829.

Bisher konnte eine Vielzahl von Problemen als NP-vollständig nachgewiesen werden[238], ohne daß für ein einziges von ihnen ein polynomial beschränkter Algorithmus bekannt ist[239]. Daher wird derzeit allgemein die Vermutung geteilt[240], daß die Beziehung P=NP nicht erfüllt ist, so daß - wegen $P \subseteq NP$[241] - $P \subset NP$ gelten und somit die Klasse P eine echte Teilklasse der Klasse NP sein muß. Es bestehen aber erhebliche Schwierigkeiten, den Beweis für die Vermutung $P \neq NP$ zu leisten[242]. Hieraus folgen Zweifel, diesen Beweis überhaupt erbringen

---

238) Vgl. hierzu die überaus umfangreiche (95 Seiten umfassende!) Auflistung NP-vollständiger Probleme bei Garey (1979), S. 190ff., die neuerdings periodisch aktualisiert wird; vgl. Johnson (1981), S. 393ff. Nach Paul (1978), S. 195, und Bachem (1980), S. 827, sind etwa 2.000 NP-vollständige Probleme bekannt. Vgl. zu weiteren Zusammenstellungen von Problemen aus dieser Klasse Karp (1975a), S. 20ff.; Karp (1975b), S. 60ff.; Brucker (1975b), S. 670f.; Manders (1976), S. 23ff.; Hartmanis (1976a), S. 34ff.; Brucker (1976a), S. 364ff.; Schuster (1976), S. 36ff.; Brucker (1976c), S. 136ff.; Mehlhorn (1977), S. 202ff.; Lenstra (1977), S. 345; Lenstra (1979), S. 125ff.; Brucker (1981), S. 166ff., insbesondere S. 194ff. Vgl. auch die exemplarischen Nennungen in Abschnitt 3.1 auf S. 99f.

239) Vgl. Schnorr (1974), S. 184; Ullman (1975), S. 385; Garey (1976a), S. 118; Mehlhorn (1977), S. 194; Ecker (1977), S. 250; Valiant (1978), S. 331; Garey (1978), S. 499; Garey (1979), S. 181; Brucker (1979), S. 83; Lenstra (1979), S. 122; Bachem (1980), S. 828; Brucker (1981), S. 53.

240) Vgl. Schnorr (1974), S. 184; Brucker (1975), S. 4; Hartmanis (1976a), S. 30; Brucker (1976a), S. 357 u. 365; Lenstra (1977), S. 344 u. 360; Mehlhorn (1977), S. 193 u. 201; Lenstra (1978), S. 23; Lenstra (1979), S. 123; Garey (1979), S. 33; Bachem (1980), S. 828; Brucker (1981), S. 25 u. 53; Lenstra (1982), S. 202 u. 207; French (1982), S. 146 u. 148.

241) Vgl. S. 62.

242) Vgl. Garey (1979), S. 181ff.; Lenstra (1982), S. 207f.; Parker (1982b), S. 85.

zu können. Es drängt sich der Verdacht auf, es könne ein unentscheidbares Problem vorliegen[243].

Weil die NP-vollständigen Probleme per definitionem die komplexesten Probleme aus der Klasse NP sind, folgte aus der Gültigkeit von P≠NP[244], daß für kein NP-vollständiges Problem ein polynomial beschränkter Lösungsalgorithmus existieren kann. Vielmehr wären alle Algorithmen für NP-vollständige Probleme tatsächlich exponentiell beschränkt, da diese Probleme zu den im schlechtesten Fall exponentiell beschränkten NP-komplexen Problemen gehören[245]. Infolge der allgemeinen Akzeptanz der Gültigkeit der Vermutung P≠NP gilt diese Aussage als nahezu gesicherte komplexitätstheoretische Erkenntnis, die jedoch (noch) nicht streng bewiesen ist.

---

243) Vgl. Hartmanis (1976b), S. 13ff.; Lipton (1978), S. 193; Bachem (1980), S. 828f.; Hopcroft (1984), S. 49; Korte (1985), S. 16; Karp (1986), S. 104.

244) Vgl. Garey (1979), S. 34, 37, 106, 109 u. 113. Die Vermutung, die Lösungsalgorithmen für NP-vollständige Probleme seien exponentiell beschränkt, teilen auch Ullman (1976), S. 144, und Sethi (1977), S. 322.

245) Vgl. S. 60f.

2.6.2 Weiterführende Komplexitätsklassen
2.6.2.1 Differenzierungen innerhalb der Klasse NP

Die Vielzahl von NP-komplexen, insbesondere von NP-vollständigen Problemen hat das Bedürfnis geweckt, diese beiden Problemklassen weiter zu zerlegen[246]. Die vorherrschende Klassifizierung von Problemen als P-komplexe[247], als NP-, aber nicht zugleich P-komplexe oder als NP-vollständige[248] Probleme[249] wird noch als zu grob, als kaum zufriedenstellend empfunden[250]. Da sich die Forschung der Komplexitätstheorie in dieser Richtung im Fluß befindet, werden nachfolgend nur einige Ansätze zur weiterführenden Differenzierung der Problemkomplexität kurz skizziert.

Hinsichtlich anderer Konzepte, wie z.B. denen der Problem-Parametrisierung, der Stopp-Algorithmen und der probabilistischen Algorithmen, wird - abgesehen von

---

246) Vgl. Lenstra (1977), S. 360; Lenstra (1978), S. 24; Hansen (1979), S. 177. Dagegen war Hartmanis (1976a), S. 30ff., noch daran interessiert, die Gleichheit aller NP-vollständigen Probleme bis auf polynomial beschränkte Isomorphismen nachzuweisen.

247) Auf S. 61f. wurde dargelegt, daß die P-komplexen Probleme eine - echte oder unechte - Teilklasse der NP-komplexen Probleme bilden.

248) Dies gilt nur in bezug auf Entscheidungsprobleme. Im Hinblick auf Optimierungsprobleme sind NP-harte Probleme, die auf S. 7f. angesprochen wurden, anstelle von NP-vollständigen Problemen anzusetzen; vgl. Parker (1982b), S. 85. Auf diese NP-vollständigen bzw. -harten Probleme konzentrieren sich die Differenzierungsbemühungen der Komplexitätstheorie. Da NP-harte Probleme - dies ist heute noch nicht geklärt - u.U. außerhalb der Klasse NP liegen, werden sie erst in Abschnitt 2.6.2.2 auf S. 82ff. ausführlicher behandelt.

249) Vgl. Lenstra (1977), S. 346; Valiant (1978), S. 330; Parker (1982b), S. 85.

250) Vgl. Brucker (1975), S. 27; Rinnooy Kan (1976), S. 134 u. 140; Lenstra (1977), S. 346; Lenstra (1978), S. 23f.; Rardin (1982), S. 9; Clausen (1986), S. 35.

einer kurzen Charakterisierung - auf die einschlägige Literatur verwiesen.

Eine Problem-Parametrisierung[251] erfolgt dadurch, daß der Problemumfang n durch einen Vektor n' von charakteristischen Parametern wird. Für die modifizierte Komplexitätsfunktion $O(n')$ resultiert u.U. eine polynomiale Beschränkung. Eine solche Parametrisierung wird z.B. in der Gestalt von Auftrags- oder Maschinenanzahlen bei Problemen der Maschinenbelegungsplanung durchgeführt.

Bei den Stopp-Algorithmen[252] werden Regeln hinsichtlich eines maximalen Lösungsaufwands festgelegt, bei dessen Erreichen - bis dahin erfolglose - Versuche der Problemlösung abgebrochen werden. Auf dieser Grundlage lassen sich die Wahrscheinlichkeit, daß eine Problemausprägung innerhalb dieser Aufwandsbegrenzung gelöst werden kann, und die Komplexität der Stopp-Algorithmen ermitteln.

Die probabilistischen Lösungsalgorithmen[253] dürfen nicht mit probabilistischen average case-Analysen[254] verwechselt werden. Während letzte Wahrscheinlichkeitsverteilungen über den Spektren möglicher Problemausprägungen voraussetzen, beruhen erste auf probabilistischen Komponenten (Zufallsgeneratoren) innerhalb der Lösungsalgorithmen. Solche Algorithmen können nicht mehr durch (non-)deterministische Turing-Automaten der o.a. Art realisiert werden, sondern erfordern den Übergang zum Typ der Orakel-Turing-Automaten. Bei diesen

---

251) Vgl. Garey (1975), S. 410f.; Ecker (1977), S. 57; Garey (1979), S. 106f.; Fisher (1982), S. 29.
Vgl. hierzu auch das Beispiel auf S. 55ff. mit dem Parameter "Auftragsanzahl" als Problemumfang.

252) Vgl. Simon (1976), S. 287f.

253) Vgl. Karp (1975a), S. 24ff.; Rabin (1976), S. 21ff.; Lenstra (1976), S. 1ff.; Solovay (1977), S. 84f.; Valiant (1978), S. 332f.; Bachem (1980), S. 838f.; Lenstra (1982), S. 205f.; Cook (1983), S. 405; Karp (1986), S. 108f.

254) Vgl. S. 47 u. 81.

Automaten wird gelegentlich ein "Orakel" befragt, von dessen - automatenexterner - Beantwortung die Fortsetzung der Automatenoperationen abhängt[255]. Im Fall der probabilistischen Algorithmen wird die Orakelantwort durch einen Zufallsgenerator erzeugt. NP-vollständige Probleme, die durch probabilistische Algorithmen mit polynomial beschränktem Aufwand "gelöst" werden können, konstituieren die Klasse R mit R⊆NP.

Ein Problem wird dagegen als schwach-NP-vollständig oder pseudopolynomial beschränkt bezeichnet, wenn es bei der üblichen binären Problemcodierung NP-vollständig ist, zugleich aber ein polynomial beschränkter Algorithmus existiert, der dieses Problem bei unärer Codierung zu lösen vermag[256]. Eine Problemcodierung heißt unär, wenn die Länge $L(z)$ einer zu codierenden (ganzen) Zahl z aus der Problembeschreibung eine lineare Funktion darstellt. Dies wird in der Regel dadurch erreicht, daß die Zahl z durch ein Wort aus z oder z+1 (Berücksichtigung der Null) identischen Symbolen codiert wird[257]. Bei binärer Codierung wird hingegen die Länge einer (Ganz-)Zahl z durch die logarithmische Funktion $L(z)=\log z$ gemessen.

Da sich pseudopolynomial beschränkte Probleme bei unärer Codierung wie P-komplexe Probleme verhalten, werden sie als weniger komplex betrachtet als die kom-

---

255) Vgl. zu Orakel-Turing-Automaten (Orakel-Algorithmen) Garey (1979), S. 111ff.; Bachem (1980), 829ff.

256) Vgl. Rinnooy Kan (1976), S. 135 i.V.m. S. 70f.; Garey (1976a), S. 119; Lenstra (1977), S. 346; Gonzalez (1978), S. 37; Garey (1978), S. 500ff.; Lenstra (1978), S. 24; Garey (1979), S. 91ff.; Lenstra (1979), S. 133; Parker (1982a), S. 6; Parker (1982b), S. 86; Clausen (1986), S. 35. Ein sehr ähnliches Konzept "starker Polynomialität", das auch an der unären Problemcodierung anknüpft, wird von Tardos (1986), S. 250 u. 255f., vertreten.

257) Vgl. Savage (1976), S. 182; Garey (1978), S. 506; Bachem (1980), S. 817; Parker (1982a), S. 6; Hopcroft (1984), S. 35.

plementären stark-NP-vollständigen Probleme, die trotz
unärer Codierung NP-komplex bleiben. Es konnte nachgewiesen werden, daß in der Klasse der NP-vollständigen
Probleme in diesem Sinne sowohl schwache (pseudopolyno-
miale) als auch starke Komplexitätsvarianten existieren.

Als erstes schwach-NP-vollständiges Problem wurde
das knapsack-Problem nachgewiesen[258]. Das 3-Partiti-
ons-Problem war das erste NP-vollständige Problem, das
trotz unärer Codierung NP-komplex blieb, also stark-NP-
vollständig ist[259]. Das knapsack-Problem besteht da-
rin, für die Ungleichung $\underline{a} \cdot \underline{x} \leqslant b$ mit $\underline{a} \in Z^n$, Z als Menge
der ganzen Zahlen, $\underline{x} \in \{0,1\}^n$ und $b \in Z$ mindestens eine zu-
lässige Lösung $\underline{x}$ zu finden, welche die Zielfunktion
$z(\underline{x}) \rightarrow ext!$ mit $ext! \in \{min!, max!\}$ optimal erfüllt, oder
deren Nichtexistenz zu beweisen. Ein solches Problem
liegt bei der Aufgabe vor, für eine Menge aus n unteil-
baren Gegenständen zu ermitteln, welche Gegenstandskom-
binationen in einem knappen Raum untergebracht werden
können und hierbei zugleich die Zielfunktion $z(\underline{x})$ optimal erfüllen. Hierzu gehören im Bereich des Operations
Research z.B. Verpackungs- und (raumbezogene) Einlage-
rungsprobleme. Das 3-Partitions-Problem spielt für Untersuchungen des Operations Research dagegen keine besondere Rolle.

Das Konzept der schwach-NP-vollständigen Probleme
erweist sich aus der Sicht des Operations Research besonders interessant, weil NP-vollständige Probleme nur
dann pseudopolynomial sein können, wenn die Problemspezifizierung die Codierung von Zahlen umfaßt (numerische

---

258) Vgl. Lenstra (1979), S. 133; Garey (1979), S.
134ff.; Parker (1982b), S. 86.

259) Vgl. Garey (1978), S. 504; Lenstra (1979), S. 133.
Vgl. zu stark-NP-vollständigen Problemen im allgemeinen Garey (1979), S. 95ff.

Probleme) und falls die o.a. Vermutung $P \neq NP$ (d.h. $P \subset NP$) korrekt ist[260].

Unter der Voraussetzung der Gültigkeit von $P \neq NP$ läßt sich auch die Klasse der NP-komplexen Probleme weiter differenzieren[261]. Sie umfaßt dann nicht nur alle P-komplexen Probleme, sondern darüber hinaus eine nicht-leere Klasse NPI von intermediären Problemen, die weder polynomial beschränkt (P-komplex) noch NP-vollständig sind. Typische Probleme aus dem Bereich des Operations Research konnten allerdings noch nicht als NPI-komplex aufgezeigt werden. Jedoch werden offene Probleme, für die sich bisher weder polynomiale Beschränktheit noch NP-Vollständigkeit nachweisen ließen[262], als Probleme mit einer solchen intermediären Komplexität vermutet.

Lange Zeit galt das Problem der linearen Optimierung bei worst case-Analyse als ein aussichtsreicher Kandidat für solche intermediären Probleme aus der Klasse NP[263], weil weder seine polynomiale noch seine exponentielle Beschränktheit nachgewiesen werden konnte. Erst vor kurzem glückte - wie bereits oben angedeutet - der Beweis, daß es sich hierbei um ein P-komplexes Problem handelt[264]. Hierauf wird später ausführlich eingegangen[265].

---

260) Vgl. Garey (1979), S. 95. Der Bezug auf numerische Probleme ergibt sich aus der Besonderheit, daß erst die Möglichkeit der unären Zahlencodierung die Existenz polynomial beschränkter Lösungsalgorithmen zuläßt.

261) Vgl. zum folgenden Garey (1979), S. 37, 77f., 81, insbesondere aber S. 154f.

262) Vgl. zu solchen offenen Problemen Brucker (1975), S. 26f.; Garey (1979), S. 155ff. u. 285ff.; Lenstra (1979), S. 136; Lenstra (1982), S. 202ff.

263) Vgl. Garey (1979), S. 155ff.

264) Vgl. Johnson (1981), S. 399f.; Lenstra (1982), S. 204.

265) Vgl. Abschnitt 3.2.2 auf S. 129ff., insbesondere S. 133ff.

Die Komplexität von Problemen, die sich bei der -
bisher implizit unterstellten - Suche nach exakten Lösungen als NP-vollständig erweisen, läßt sich auch mit
der Hilfe von Approximations-Algorithmen[266] abstufen.
Hierbei wird durch worst case-Analysen untersucht, welche Annäherungen an die exakten Lösungen garantiert
werden können, wenn nur noch polynomial beschränkte Lösungsalgorithmen zugelassen werden.

Beispielsweise gibt es unter diesen Voraussetzungen
einige wenige einfach-NP-vollständige Probleme, für
welche die maximale relative Abweichung von der exakten
Lösung einerseits beliebig klein gewählt werden kann.
Anderseits wächst der Lösungsaufwand bei Verminderungen
dieser Abweichung nur polynomial beschränkt an[267]. Zu
dieser einfachen Variante der NP-vollständigen Probleme
gehört auch das bereits oben angeführte knapsack-Problem.

Dagegen existiert eine große Anzahl von moderat-NP-
vollständigen Problemen, bei denen sich nur eine konstante, von Null verschiedene Lösungsabweichung garan-

---

266) Vgl. Sahni (1974), S. 30ff.; Brucker (1976b), S.
     670ff., insbesondere S. 672; Savage (1976), S.
     364ff.; Sahni (1976), S. 116f. u. 123ff.; die
     annotierte Bibliographie von Garey (1976b), S.
     43ff.; Ecker (1977), S. 56f. u. 61ff., 241 u.
     250ff.; Lenstra (1977), S. 360; Valiant (1978), S.
     334f.; Garey (1979), S. 123ff.; Graham (1979), S.
     291ff. (passim); Brucker (1979), S. 85ff.; Lenstra
     (1979), S. 137; Fisher (1980), S. 1ff.; Fisher
     (1982), S. 16ff.; French (1982), S. 1177ff., ins-
     besondere S. 183ff.; Parker (1982b), S. 86f.; Karp
     (1986), S. 106; Hall (1986), S. 275ff., dessen
     Analyse allerdings nicht die strengen Anforderun-
     gen der worst case-Analysen voll erfüllt, sondern
     nur eine näherungsweise "heuristische" worst case-
     Analyse darstellt. Vgl. zu approximativen Algo-
     rithmen auch die Anmerkung auf S. 70.

267) Vgl. zu solchen Problemen Brucker (1976b), S.
     672ff.; Garey (1979), S. 134f.; Brucker (1979), S.
     85f.; Lenstra (1979), S. 137; Fisher (1980), S.
     4ff.; Fisher (1982), S. 21ff.; French (1982), S.
     1182ff. u. 188f.; Parker (1982b), S. 87.

tieren läßt[268]. Ferner gibt es schwer-NP-vollständige Probleme. Für diese kann die Einhaltung keiner - sei sie auch noch so großen - maximalen relativen Abweichung von der exakten Lösung gewährleistet werden, sofern die Vermutung P≠NP richtig ist und nur polynomial beschränkte Lösungsalgorithmen betrachtet werden[269].

Zu den schwer-NP-vollständigen Problemen zählt z.B. das (allgemeine) traveling salesman-Problem[270]. Es handelt sich um das Problem zu entscheiden, ob zwischen n Orten o_i (i=1,...,n), für die paarweise Distanzen $d(o_i, o_{i'})$ bekannt sind, eine Rundreise so geplant werden kann, daß ihre Gesamtlänge eine vorgegebene obere Schranke s nicht überschreitet und hierbei jeder Ort genau einmal aufgesucht wird. Mit der Indizierungsweise $o_{p(j)}$ und p(j)=i, die bereits bei der Vorstellung eines Maschinenbelegungsproblems eingeführt wurde[271], wird ausgedrückt, daß der Ort o_i während der Rundreise an j-ter Stelle eingeplant ist. Dann läßt sich das traveling salesman-Entscheidungsproblem formal darstellen als die Frage nach der Existenz einer Lösung $\underline{o} = (o_{p(1)}, ..., o_{p(n)})$ für die Ungleichung[272]:

---

268) Vgl. Karp (1976), S. 2f.; Lenstra (1979), S. 137; Parker (1982b), S. 87.

269) Vgl. Garey (1979), S. 147f.; Sahni (1974), S. 31f.; French (1982), S. 188.

270) Vgl. Garey (1979), S. 147; Lenstra (1979), S. 137; Parker (1982b), S. 87.

271) Vgl. S. 56.

272) Vgl. Garey (1979), S. 18. Eine instruktive informale Beschreibung des traveling salesman-Problems findet sich bei Bachem (1980), S. 824ff. Er illustriert an einem Beispiel mit n=120 Orten, daß der Raum kombinatorisch möglicher Lösungen (Rundreisen) einen Polyeder mit 10^{196} Ecken bildet, der etwa mit Hilfe der linearen (vgl. S. 129f.), aber gemischt-ganzzahligen Programmierung nach der Existenz zulässiger Lösungen durchsucht werden könnte. Die exorbitante Größe des Suchraums verdeutlicht exemplarisch die o.a. "schwere NP-Vollständigkeit" des traveling salesman-Problems.

$$(\sum_{j=1}^{n} d(o_{p(j)}, o_{p(j+1)}) \,) + d(o_{p(n)}, o_{p(1)}) \leqslant s$$

Ein Sonderfall des traveling salesman-Problems verhält sich dagegen weniger komplex. Es liegt vor, wenn die "Dreiecks-Bedingung" $d(o_h, o_i) + d(o_i, o_k) \geqslant d(o_h, o_k)$ für die Distanzen d zwischen allen Paaren $(o_i, o_i\prime)$ zu bereisender Orte postuliert wird[273]. Sie ist beispielsweise erfüllt, wenn die Distanzen jeweils die kürzest möglichen Verbindungen zwischen den Orten angeben. Hiervon kann im Regelfall realer OR-Probleme dieses Typs ausgegangen werden. Trotz dieser Einschränkung bleibt das Entscheidungsproblem - bei dessen exakter Lösung - NP-vollständig. Allerdings können die bestbekannten approximativen Lösungsalgorithmen für dieses spezielle traveling salesman-Problem garantieren, daß die Abweichung von der exakten Lösung weniger als 50% des Werts jener Lösung beträgt[274]. Folglich handelt es sich um ein moderat-NP-vollständiges Problem.

Alternative Analyse-Ansätze beruhen auf probabilistischen Konzepten[275]. Sie erstrecken sich auf average case-Analysen vom analytischen Typ, indem sie Wahrscheinlichkeitsverteilungen über den Spektren möglicher Problemausprägungen unterstellen. Hieraus läßt sich z.B.[276] ableiten, mit welcher Wahrscheinlichkeit von approximativen oder heuristischen Algorithmen eine maximale relative Abweichung von den exakten Lösungen nicht überschritten wird.

---

273) Vgl. Garey (1979), S. 128f.

274) Vgl. Garey (1979), 132.

275) Vgl. Karp (1976), S. 3ff.; Karp (1977), S. 209ff.; Fisher (1980), S. 1f.; Fisher (1982), S. 16f.; Coffman (1982), S. 319ff.; Parker (1982b), S. 87f.; Karp (1986), S. 106ff.; Clausen (1986), S. 34f. Vgl. hierzu auch die Anmerkungen zu analytischen average case-Analysen des Simplex-Algorithmus auf S. 131.

276) Vgl. zu einer alternativen Auswertungsmöglichkeit Karp (1976), S. 3.

2.6.2.2 Probleme außerhalb der Klasse NP

Voranstehend wurde durch Einführung neuartiger Analysekonzepte eine weiterführende Differenzierung der Problemkomplexität innerhalb der Klasse NP erreicht. Andere Zweige der Komplexitätstheorie untersuchen, ob Probleme existieren, die noch schwieriger als alle Probleme aus der Klasse NP, also insbesondere noch komplexer als die NP-vollständigen Probleme sind.

Ein solches Konzept stellt die Untersuchung NP-harter Probleme dar. Ein Problem wird genau dann als NP-hart bezeichnet[277], wenn mindestens ein NP-vollständiges Problem existiert, das sich auf das dieses NP-harte Problem reduzieren läßt. Folglich sind NP-harte Probleme mindestens so komplex wie die NP-vollständigen Probleme. Ein NP-hartes Problem braucht aber nicht selbst in der Klasse NP enthalten zu sein[278]. Daher ist ein NP-hartes Problem - sofern es nicht zur Klasse NP gehört - noch komplexer als alle NP-komplexen Probleme. Ein solches NP-hartes Problem müßte komplexer als alle NP-vollständigen Probleme sein, die ihrerseits die schwierigsten Probleme aus der Klasse NP darstellen und im schlechtesten Fall nur exponentiell beschränkt sind. Dann könnte ein NP-hartes Problem noch nicht einmal mit exponentiell beschränktem Aufwand gelöst werden.

Nach Wissen des Verf. ist es bisher noch nicht gelungen, die Existenz eines solchen Problems nachzuweisen. Allerdings sind mehrere Fälle bekannt, in denen sich die Zugehörigkeit eines NP-harten Problems zur Klasse NP weder beweisen noch widerlegen läßt[279], das entsprechende Entscheidungs(meta)problem also ungelöst

---

277) Vgl. Hartmanis (1976a), S. 32; Mehlhorn (1977), S. 193; Garey (1979), S. 109ff.; Lenstra (1979), S. 123; Brucker (1979), S. 82; Parker (1982b), S. 83; Clausen (1986), S. 32.

278) Vgl. Garey (1979), S. 109; Brucker (1979), S. 82.

279) Vgl. Garey (1979), S. 161ff.

ist[280]). Hierzu gehören auch die Optimierungsprobleme, deren zugrundeliegenden Entscheidungsprobleme zwar als NP-vollständig nachgewiesen werden konnten, deren eigene NP-Vollständigkeit aber offen bleibt[281]). Diese Optimierungsprobleme sind mindestens so komplex wie ihre NP-vollständigen Entscheidungsprobleme, also NP-hart.

Zu diesen NP-harten Problemen gehören die Optimierungsprobleme vom traveling salesman-Typ[282]), und zwar sowohl in ihrer allgemeinen als auch in ihrer speziellen Version[283]). Diese Optimierungsprobleme unterscheiden sich von ihren zugehörigen Entscheidungsproblemen, die bereits an früherer Stelle beschrieben wurden[284]), nur dadurch, daß nicht mehr entschieden werden muß, ob (mindestens) eine Rundreise existiert, deren Länge eine vorgegebene obere Schranke nicht übersteigt. Vielmehr wird in traveling salesman-Optimierungsproblemen die Minimierung der Rundreise-Länge als Ziel gesetzt.

---

280) Dagegen existiert eine Vielzahl NP-harter Probleme, deren Zugehörigkeit zur Klasse NP bewiesen ist. Diese Probleme sind aber für die oben erörterte Frage nach der Existenz von Problemen, die komplexer als alle NP-komplexen Probleme sind, notwendig irrelevant.
Ein Problem ist genau dann NP-vollständig, wenn es erstens aus der Klasse NP stammt und sich zweitens mindestens ein anderes NP-vollständiges Problem auf dieses Problem reduzieren läßt; vgl. Brucker (1979), S. 82. Die erste Bedingung ist für die o.a. NP-harten Probleme laut Voraussetzung erfüllt; die zweite Bedingung wird von jedem NP-harten Problem per definitionem eingehalten. Daher sind diese NP-harten, zur Klasse NP zählenden Probleme notwendig NP-vollständig.

281) Vgl. hierzu die Ausführungen auf S. 7ff.

282) Vgl. Garey (1979), S. 114 i.V.m. S. 19.

283) Vgl. zur Differenzierung zwischen diesen Versionen die Erläuterungen auf S. 80f.

284) Vgl. S. 80f.

Für NP-harte Probleme, deren Zugehörigkeit zur Klasse NP unbekannt ist, stellt die exponentielle Beschränkung des Lösungsaufwands der NP-vollständigen Probleme nur eine untere Komplexitätsschranke dar[285]. Bezüglich dieser Teilklasse von NP-harten Problemen wird vermutet, daß ihre Mitglieder tatsächlich schwieriger als alle NP-vollständigen Probleme ausfallen und somit auch nicht exponentiell beschränkt sind.

Sofern sich diese Annahme für mindestens ein NP-hartes Problem nachweisen läßt, d.h. wenn es definitiv nicht in der Klasse NP liegt, bildet die Klasse der NP-vollständigen Probleme eine echte Teilklasse der Klasse der NP-harten Probleme. Da dieser Nachweis noch aussteht, kann bislang nur konstatiert werden, daß die NP-vollständigen Probleme eine - echte oder unechte - Teilklasse der NP-harten Probleme darstellen[286].

Falls die Vermutung $P \neq NP$ - wie oben erörtert[287] - tatsächlich zutreffen sollte, ließe sich sogar für alle NP-harten Probleme folgern, daß der Ausführungsaufwand ihrer Lösungsalgorithmen mindestens exponentiell beschränkt ist. Denn diese Probleme sind mindestens so komplex wie die NP-vollständigen Probleme, die ihrerseits im Fall $P \neq NP$ tatsächlich exponentiell beschränkt gemäß der Komplexität im strengen Sinne wären[288].

---

285) Auf - nicht notwendig NP-harte - Probleme, für die nachgewiesen werden konnte, daß sich ihr Lösungsaufwand tatsächlich durch keinen exponentiellen Term nach oben beschränken läßt, wird auf S. 89ff. näher eingegangen.

286) Vgl. Lenstra (1982), S. 201.
Der Sachverhalt, daß die NP-vollständigen Probleme eine unechte Teilklasse der NP-harten Probleme sind, folgt aus dem - bereits oben dargelegten - Umstand, daß alle NP-harten Probleme mindestens so komplex wie die NP-vollständigen Probleme sind, so daß die erstgenannten die letztgenannten notwendig umfassen müssen.

287) Vgl. S. 70ff.

288) Vgl. S. 73.

Neben der Frage nach der Existenz von NP-harten Problemen, die außerhalb der Klasse NP liegen, beschäftigt sich die Komplexitätstheorie auch mit solchen NP-harten Optimierungsproblemen, für die sich beweisen läßt, daß sie nicht schwieriger als ihre korrespondierenden NP-vollständigen Entscheidungsprobleme sind. Diese Optimierungsprobleme werden als NP-leichte Probleme bezeichnet[289].

Während für NP-harte Probleme im allgemeinen nur bekannt ist, daß sie mindestens dieselbe Komplexität wie NP-vollständige Probleme besitzen, müssen NP-leichte Optimierungsprobleme gleich schwierig wie ihre NP-vollständigen Entscheidungsprobleme sein. Denn wenn diese Optimierungsprobleme sowohl mindestens (als NP-harte Probleme) als auch höchstens (als NP-leichte Probleme) so schwierig sind wie die zugehörigen Entscheidungsprobleme, müssen beide Problemklassen äquivalente Komplexität aufweisen[290]. Daher werden NP-leichte Probleme auch als NP-äquivalente Probleme angesprochen[291]. Ein Beispiel hierfür ist das (allgemeine) traveling salesman-Optimierungsproblem, das nicht nur NP-hart ist[292], sondern auch als NP-leicht oder NP-äquivalent bewiesen werden kann[293].

---

289) Vgl. zu dieser Problemklasse und zu den nachfolgenden Ausführungen Garey (1979), S. 115ff., insbesondere S. 117.

290) Dies bedeutet jedoch keineswegs notwendig, daß die Klassen der NP-leichten Optimierungs- und der NP-vollständigen Entscheidungsprobleme identisch wären. Denn per definitionem gehören die zweiten immer zur Klasse NP, während die ersten als NP-harte Probleme in der Klasse NP liegen können, aber nicht müssen. Also können NP-leichte Probleme existieren, die keine Mitglieder der Klasse NP und daher nicht NP-vollständig sind; vgl. Garey (1979), S. 117. Ob es allerdings überhaupt solche NP-harten, aber nicht NP-komplexen Probleme gibt, ist - wie oben dargelegt - bis heute ungeklärt.

291) Vgl. Garey (1979), S. 117.

292) Vgl. S. 80f.

293) Vgl. Garey (1979), S. 116f.

Der Nachweis, daß ein NP-hartes Optimierungsproblem NP-leicht ist, erfolgt wieder durch den Rückgriff auf das komplexitätstheoretische Konzept der Problemreduzierung. Ein NP-hartes Optimierungsproblem ist genau dann NP-leicht, wenn es auf das korrespondierende NP-vollständige Entscheidungsproblem reduziert werden kann. Entsprechend der oben erläuterten[294] materiellen Interpretation des Reduzierungszusammenhangs zwischen zwei Problemen bedeutet dies, daß das Entscheidungsproblem mindestens so schwierig sein muß wie das Optimierungsproblem oder - äquivalent - daß das Optimierungsproblem nicht komplexer sein kann als das Entscheidungsproblem; q.e.d.

Um aufzuzeigen, daß das betrachtete (NP-leichte) Optimierungsproblem NP-hart ist, wird das korrespondierende NP-vollständige Entscheidungsproblem auf das Optimierungsproblem reduziert[295]. Dann ergibt sich für das NP-leichte Optimierungsproblem ein doppelter Reduzierungszusammenhang: Es läßt sich sowohl das Entscheidungs- auf das Optimierungsproblem reduzieren (Nachweis eines NP-harten Optimierungsproblems) als auch das Optimierungs- auf das Entscheidungsproblem (Nachweis eines NP-leichten Optimierungsproblems). Diese wechselseitige Reduzierungsmöglichkeit unterstreicht die. o.a. Bezeichnung der NP-Äquivalenz[296].

Es ist möglich, für NP-leichte Optimierungsprobleme ein Komplexitätsurteil abzuleiten, das - genau so wie bei der Betrachtung NP-vollständiger Entscheidungsprobleme[297] - auf die fundamentale komplexitätstheoretische, ungelöste Frage P=NP? Bezug nimmt. Ein NP-vollständiges Entscheidungsproblem kann genau dann mit polynomial beschränktem Aufwand gelöst werden, falls die

---

294) Vgl. S. 63f.
295) Diese Beweismethode stellt den komplexitätstheoretischen Regelfall dar.
296) Vgl. Brucker (1979), S. 81.
297) Vgl. S. 70ff.

- unwahrscheinliche - Identität der Klassen P und NP zutreffen sollte. Da NP-leichte Optimierungsprobleme und zugehörige NP-vollständige Entscheidungsprobleme äquivalente Komplexität besitzen, gilt ebenso[298]: NP-leichte Optimierungsprobleme lassen sich genau dann polynomial beschränkt lösen, wenn die Beziehung P=NP zutrifft[299].

Ein anderes komplexitätstheoretisches Konzept nähert sich der Frage, ob Probleme existieren, die schwieriger als alle NP-komplexen Probleme sind, durch eine nähere Analyse der Qualität der exponentiellen Beschränktheit ihres Lösungsaufwands. Für alle Probleme aus NP - und somit auch für die NP-vollständigen Probleme - stellt die exponentiell beschränkte Zeitkomplexität nur eine obere Komplexitätsschranke dar, weil unter der - obgleich höchst unwahrscheinlichen - Annahme der Identität der Klassen P und NP für diese Probleme auch polynomial beschränkte Lösungsalgorithmen existieren.

Im Hinblick auf einige Probleme konnte jedoch streng bewiesen werden, daß ihre Zeitkomplexität (mindestens[300]) exponentiell beschränkt ist[301]. Solche "in-

---

298) Vgl. Garey (1979), S. 116.

299) Für NP-harte Probleme gilt dagegen nur die schwächere Aussage, daß sie nicht mit polynomial beschränktem Aufwand gelöst werden können, außer wenn die Klassen P und NP übereinstimmen; vgl. Garey (1979), S. 115. Dies entspricht der Implikation: Wenn P≠NP gilt, dann sind NP-harte Probleme nicht polynomial beschränkt. Aus der Kontraposition folgt zwar: Wenn sich NP-harte Probleme polynomial beschränkt lösen lassen, dann muß P=NP gelten. Aber die umgekehrte Implikation läßt sich nicht ableiten: Wenn P=NP gilt, dann sind NP-harte Probleme polynomial beschränkt. Diese Umkehrung trifft nur für die NP-leichten Probleme zu.

300) Es handelt sich hier also um eine untere Komplexitätsschranke.

301) Vgl. Meyer (1972), S. 125ff.; Stockmeyer (1973), S. 3 u. 8; Stockmeyer (1979), S. 89f.; Bachem (1980), S. 821f.; Lenstra (1982), S. 207; Cook (1983), S. 403f.; Huynh (1986), S. 197, 199 u. 202ff.

härent exponentiell"[302] beschränkten Probleme können grundsätzlich niemals - auch nicht im unwahrscheinlichen Fall P=NP - durch polynomial beschränkte Algorithmen gelöst werden. Bezüglich dieser Probleme wird vermutet, daß sie tatsächlich schwieriger als NP-vollständige Probleme sind.

Ferner existieren "superexponentiell" beschränkte Probleme[303], bezüglich derer bekannt ist, daß sie bei worst case-Analysen notwendig komplexer sind als jeweils ein bestimmter exponentieller Term. Obwohl dieser Term bereits recht groß gewählt ist, kann nicht ausgeschlossen werden, daß sich als obere Schranke des Lösungsaufwands für solche Entscheidungsprobleme ein größerer exponentieller Term bestimmen läßt[304]. Daher ist es durchaus möglich, daß superexponentiell beschränkte Probleme exponentiell beschränkt im gewöhnlichen Sinn sind. Dennoch besteht auch hier der Verdacht, es könne sich um Probleme handeln, deren Komplexität die der NP-vollständigen Probleme übertrifft.

Für die inhärent exponentiell und die superexponentiell beschränkten Probleme ist nur bekannt, daß sie mindestens so komplex sind wie die NP-vollständigen Probleme. Denn die beiden erstgenannten besitzen exponentielle Terne als untere Komplexitätsschranken, während letztgenannte exponentielle Terme als obere Komplexitätsschranken aufweisen. Nur im unwahrscheinlichen Fall der Identität der Klassen P und NP wären die beiden erstgenannten Problemklassen mit Sicherheit komplexer als die letztgenannte, für die sich unter dieser

---

302) Stockmeyer (1979), S. 89.

303) Vgl. Fischer,M. (1974), S. 28f. u. 38ff.; Lipton (1978), S. 194f., im Hinblick auf Entscheidungsprobleme aus dem Bereich der Presburger-Arithmetik (Addition von natürlichen Zahlen).

304) Folglich spricht Fischer,M. (1974), S. 27, auch - zweideutig - von "super"exponentiell beschränkter Komplexität.

Voraussetzung polynomial beschränkte Lösungsalgorithmen konstruieren ließen.

Darüber hinaus sind aber auch Entscheidungsprobleme bekannt, die mit Sicherheit komplexer als die NP-vollständigen Probleme sind. Jedes NP-vollständige Problem kann - wie oben dargelegt - durch einen exponentiell beschränkten Algorithmus eines deterministischen Turing-Automaten gelöst werden. Exponentielle Komplexitätsfunktionen gehören zur Klasse der primitiv-rekursiven Funktionen[305], einem Sonderfall der bereits vorgestellten rekursiven Funktionen[306]. Ex existieren Entscheidungsprobleme, deren Komplexitätsfunktionen außerhalb dieser Klasse primitiv-rekursiver Funktionen liegen und die infolgedessen noch nicht einmal exponentiell beschränkt sein können. Daher müssen diese Probleme komplexer als NP-vollständige Probleme sein.

Zu diesen sehr schwierigen Problemen mit nicht-primitiv-rekursiv beschränkter Komplexität gehört z.B.[307] das Problem des "fleißigen Bibers". Ein "fleißiger Biber" ist ein Turing-Automat[308] mit n internen Zustän-

---

305) Vgl. Peter (1957), S. 40f.

306) Vgl. zum Konzept der primitiv-rekursiven Funktionen, welche die einfachste Variante der rekursiven Funktionen darstellen, Kleene (1952), S. 219ff.; Peter (1957), S. 32ff.; Rogers (1967), S. 6ff.; Stegmüller (1973), S. 30ff.; Paul (1978), S. 13 u. 32ff.; Hermes (1978), S. 61ff.
Primitiv-rekursive Funktionen zeichnen sich im wesentlichen dadurch aus, daß auf den Auswahl-Operator verzichtet wird. Dieser ist zur Definition von anspruchsvolleren allgemein- oder partiell-rekursiven Funktionen - wie z.B. den Auswahlfunktionen für maximale oder minimale Werte - erforderlich; vgl. hierzu die in den Fußnoten 100) und 101) angegebenen Quellen.

307) Ein weiteres Exemplar wird später im Abschnitt 3.2.1 als Erreichbarkeitsproblem der Petrinetz-Theorie vorgestellt; vgl. insbesondere S. 111 u. 120ff.

308) Vgl. zu Turing-Automaten vom Typ des "fleißigen Bibers" Rado (1962), S. 878ff.; Boolos (1974), S. 27 u. 34ff.; Ludewig (1983), S. 4ff.; Dewdney (1984), S. 8ff.; Hopcroft (1984), S. 45ff.

den, der auf ein Band angesetzt wird, das zunächst nur
Nullen enthält, nach endlicher Zeit anhält und in diesem Endzustand mindestens so viele Einsen auf das Band
geschrieben hat wie jeder andere Turing-Automat mit
derselben Zustandsanzahl. Die Rado-Funktion R(n) gibt
die Anzahl von Einsen an, die von einem solchen Automaten mit n Zuständen maximal erzeugt werden kann.

Das Problem des "fleißigen Bibers" besteht darin,
den Wert der Rado-Funktion R(n) für gegebene Zustands-
anzahlen n zu bestimmen. Die Rado-Funktion ist nicht-
rekursiv[309] und somit erst recht nicht primitiv-rekursiv. Daher ist das Berechnungsproblem für diese Funktion weitaus komplexer als jedes Entscheidungsproblem für
NP-vollständige Probleme, deren Komplexität durch exponentielle und somit primitiv-rekursive Funktionen beschränkt wird. Für beliebig große n gilt dieses Problem
als unentscheidbar, d.h. die Rado-Funktion wird als
nicht-berechenbar angesehen[310]. Der Beweis der Unmöglichkeit, die Rado-Funktion für beliebig große Werte n
zu berechnen, läßt sich auf die Unentscheidbarkeit des
Halteproblems für Turing-Automaten zurückführen[311].

Im Hinblick auf eine fest vorgegebene (kleine) Zustandsanzahl n kann aber zumindest das Ersatzproblem
entschieden werden, ob der Wert der Rado-Funktion eine
- ebenfalls fest vorgegebene - untere Schranke übersteigt[312]. Die Entscheidung dieses Ersatzproblems erfordert aber die Berechnung unterer Schranken für die

---

309) Vgl. Rado (1962), S. 881f.; Ludewig (1983), S. 8.

310) Vgl. Boolos (1974), S. 35 u. 38f.

311) Vgl. Hopcroft (1984), S. 45f.

312) Dieses (Ersatz-)Problem wurde im Jahr 1983 in
     Dortmund anläßlich der 6. Konferenz der Gesell-
     schaft für Informatik über Theoretische Computer-
     wissenschaft im Rahmen eines Wettbewerbs aufge-
     griffen. Es galt, eine höchste untere Schranke
     s(n) für den Wert der Rado-Funktion R(n) des
     "fleißigen Biber"-Automaten mit n=5 Zuständen zu
     bestimmen; vgl. Ludewig (1984), S. 6, 10ff. u.
     18ff. Der größte aufgefundene Wert betrug
     s(5)=501.

Rado-Funktion. Da diese Funktion nicht-rekursiv ist, kann die Berechnung unterer Schranken ihrer Funktionswerte ebenfalls nicht rekursiv - und somit auch nicht exponentiell - beschränkt sein.

Durch Rekurs auf die Raumkomplexität, die bisher aus den rein zeitkomplexen Betrachtungen ausgeklammert blieb, läßt sich ein entsprechendes Resultat erzielen. Es ist möglich, alle oben angesprochenen Probleme, die aus den Klassen P oder NP stammen, mit deterministischen[313] Turing-Automaten zu lösen, deren Speicherplatzbedarf nur in polynomial beschränkter Weise mit dem Problemumfang zunimmt[314]. Solche Probleme werden in der (Super-)Klasse PSPACE zusammengefaßt[315].

Analog zu den NP-vollständigen Problemen können innerhalb der Klasse PSPACE mittels des Konzepts der Problemreduzierung die PSPACE-vollständigen Probleme ausgezeichnet werden[316]. Auch hier besteht ein "Prototyp"-Problem[317], auf das sich alle anderen PSPACE-komplexen Probleme reduzieren lassen. Es handelt sich um die prädikatenlogische Verallgemeinerung des Erfüllbar-

---

313) Der Übergang zu nondeterministischen Turing-Automaten mit polynomial beschränkter Raumkomplexität führt zu keinen wesentlich anderen Ergebnissen. Denn jedes Problem, das von einem nondeterministischen Turing-Automaten mit polynomial beschränktem (und mindestens logarithmisch mit dem Problemumfang anwachsenden) Speicherplatz gelöst werden kann, läßt sich durch einen deterministischen Turing-Automaten mit dem quadratischen Speicherplatz, also ebenfalls mit polynomial beschränktem Speicherplatz lösen; vgl. Garey (1979), S. 176.

314) Vgl. Garey (1979), S. 170; Lenstra (1979), S. 124; Goldberg (1984), S. 46.

315) Vgl. Garey (1979), S. 170ff.; Lenstra (1979), S. 124; Lenstra (1982), S. 206f.; Goldberg (1984), S. 46.

316) Vgl. Lenstra (1979), S. 124; Garey (1979), S. 171; Goldberg (1984), S. 46.

317) Weitere Beispiele hierfür finden sich bei Garey (1979), S. 172ff., insbesondere auch das verallgemeinerte HEX-Spiel, das größere Bekanntheit erlangt hat.

keits-Problems des Aussagenlogik, das quantifizierte Erfüllbarkeits-Problem[318]. Dieses besteht in der Aufgabe zu entscheiden, ob eine prädikatenlogische Formel, deren Variablen vollständig durch Quantoren gebunden sind, für mindestens eine Belegung ihrer Variablen mit zulässigen Werten aus den Definitionsbereichen der Variablen wahr ist.

Eine solche Formel unterscheidet sich - wie bereits früher angedeutet[319] - von einer aussagenlogischen Formel im wesentlichen dadurch, daß die atomaren Formelkomponenten keine strukturlosen atomaren Aussagen darstellen, sondern atomare Prädikate. Diese atomaren Prädikate besitzen jeweils eine innere Struktur, da sie über Variablen definiert sind. Hinzu kommen Existenz- und Allquantoren, welche die zulässigen Belegungen der Variablen mit Werten aus ihren Definitionsbereichen in der Weise "quantifizieren", daß die Gültigkeit der Formel hinsichtlich der jeweils betroffenen Variable für mindestens eine bzw. alle zulässigen Belegungen behauptet wird. Die o.a. Bindung aller Variablen durch Quantoren bedeutet, daß für jede Variable der Formel ein Existenz- oder Allquantor existiert, der sich auf diese Variable bezieht.

Analog zur unbeantworteten Frage, ob $P \neq NP$ gilt, erweist sich das (Meta-)Problem ungelöst, ob die Klassen P und NP mit der Klasse PSPACE identifiziert werden dürfen. Es wird jedoch allgemein vermutet, daß die Beziehungen P=PSPACE und NP=PSPACE nicht gelten[320]. Daraus folgt der Verdacht, daß mindestens ein PSPACE-vollständiges Problem existiert, das weder P- noch NP-komplex ist[321]. Wenn diese Annahme zutreffen sollte, sind

---

318) Vgl. Garey (1979), S. 171; Lenstra (1979), S. 124; Goldberg (1984), S. 46.

319) Vgl. die Erläuterungen auf S. 15 zur Prädikatenlogik (1. Ordnung), insbesondere Fußnote 50).

320) Vgl. Garey (1979), S. 171.

321) Vgl. Garey (1979), S. 171f.

PSPACE-vollständige Probleme notwendig komplexer als NP-vollständige Probleme[322]. Auf jeden Fall sind sie aber mindestens so schwierig wie alle NP-vollständigen Probleme.

Darüber hinaus lassen sich sogar Probleme aufzeigen, die noch nicht einmal zur Klasse PSPACE gehören[323], weil der Speicherplatz für ihre Lösung nicht mehr polynomial beschränkt werden kann. Ihr Lösungsaufwand übersteigt infolgedessen sogar den, der von PSPACE-vollständigen Problemen erfordert wird. Da die PSPACE-vollständigen Probleme mindestens so komplex sind wie die NP-vollständigen Probleme, müssen die o.a. Probleme, die nicht mehr zur Klasse PSPACE gehören, in der Tat schwieriger als die NP-vollständigen Probleme sein. Hier befindet sich zur Zeit die Erkenntnisgrenze der Komplexitätstheorie bezüglich der "schwierigsten" noch entscheidbaren Probleme.

Zu Problemen dieser Art gehört z.B. das Erreichbarkeitsproblem der Petrinetz-Theorie, auf das später näher eingegangen wird[324]. Seine Entscheidbarkeit konnte erst zu Beginn der achtziger Jahre bewiesen werden. Zugleich ließ sich zeigen, daß seine Raumkomplexität mindestens exponentiell beschränkt sein muß[325]. Daher muß dieses Erreichbarkeitsproblem notwendig außerhalb der Klasse PSPACE liegen.

---

322) Vgl. Garey (1979), S. 170 u. 172; Lenstra (1979), S. 125.

323) Vgl. Meyer (1972), S. 125ff.; Lenstra (1979), S. 125; Lenstra (1982), S. 207.

324) Vgl. Abschnitt 3.2.1, insbesondere S. 111 u. 120ff.

325) Vgl. S. 127.

2.7 Validitätsprobleme der Komplexitätstheorie

Die Komplexitätstheorie erhebt den Anspruch, durch ihren aufwandsbezogenen Komplexitätsbegriff die Schwierigkeit von Problemen zu messen. Die Validität (Gültigkeit) dieses Meßkonzepts, d.h. die Übereinstimmung der zu messenden Problemschwierigkeit mit den tatsächlich gemessenen Sachverhalten[326], muß jedoch in mehrfacher Weise eingeschränkt werden.

Erstens betrachtet die Komplexitätstheorie bei ihren Urteilen über die Schwierigkeit von Problemen nicht diese Probleme selbst, sondern die Effizienz der jeweils bestbekannten Lösungsalgorithmen. Es wurde bereits herausgestellt, daß diese Effizienzurteile nicht allein von der Schwierigkeit der untersuchten Probleme determiniert werden, sondern auch vom jeweils aktuellen algorithmischen Kenntnisstand abhängen.

Daher ist die aufwandsbezogene Komplexität im schwachen Sinne in dem Ausmaß invalide, in dem die Effizienz der bestbekannten Algorithmen hinter der Effizienz der noch unbekannten bestmöglichen Lösungsalgorithmen zurückbleibt. Dieser potentielle Validitätsmangel läßt sich grundsätzlich nicht (ex ante) feststellen, weil dies die - logisch widersprüchliche - Kenntnis noch unbekannter Algorithmen voraussetzte. Erst wenn neue, leistungsfähigere Algorithmen entdeckt werden, kann ex post die Ungültigkeit früherer Komplexitätsurteile erkannt werden. Diese Problematik wird allerdings von der zeitinvarianten Komplexität im strengen Sinne vermieden[327].

Zweitens wird durch Komplexitätsfunktionen nur der asymptotische Lösungsaufwand für Probleme betrachtet, deren Umfänge gegen unendlich konvergieren (oder belie-

---

326) Vgl. zu diesem Validitätsverständnis Gass (1983), S. 605, 607 u. 609ff., insbesondere S. 609.

327) Vgl. S. 48ff.

big groß sein dürfen). Reale Problemausprägungen, die einen endlichen Umfang aufweisen, werden grundsätzlich nicht exakt erfaßt[328]. Die Realitätsverzerrung fällt um so größer aus, je stärker der Lösungsaufwand für reale Problemumfänge vom asymptotischen Aufwand abweicht.

Drittens ist die Zuordnung der Qualitätsurteile "effizient" und "ineffizient" zu Problemen mit (bestbekannten) polynomial bzw. exponentiell beschränkten Algorithmen nur gültig, wenn der Problemumfang n eine "hinreichende" Größe erreicht[329]. Denn ein Polynomial nimmt erst ab einer - vom Einzelfall abhängigen[330] - Untergrenze des Problemumfangs stets kleinere Werte an als ein exponentieller Term.

Aus diesem Sachverhalt könnte zugunsten der Verwendung von asymptotischen Komplexitätsfunktionen gefolgert werden, daß nur durch die Betrachtung von Problemen, deren Umfänge gegen unendlich konvergieren, die o.a. Validitätsproblematik vermieden wird. Denn solche Probleme liegen per constructionem immer über der Untergrenze "hinreichenden" Problemumfangs. Allerdings bedeutet diese Argumentation zugleich das Entstehen des andersartigen Validitätsmangels, daß solche unendlich großen Probleme artifizielle Produkte von Grenzfallbetrachtungen, aber keine real existenten Probleme darstellen.

Daher trifft es für reale Probleme mit endlichen Umfängen nicht zu, die polynomiale Beschränktheit eines Algorithmus bedeute generell - d.h. unabhängig vom Pro-

---

328) Vgl. Karp (1975b), S. 64.

329) Vgl. zu den Ausführungen dieses Abschnitts Lawler (1976), S. 5; Ullman (1976), S. 139; Bland (1981), S. 1041.

330) Diese Untergrenze kann noch nicht einmal exakt angegeben werden, da die Komplexitätsfunktionen im allgemeinen von additiven und multiplikativen Konstanten abstrahieren (vgl. S. 44), welche die Lage der tatsächlichen Effizienzgrenze zwischen polynomial und exponentiell beschränkten Algorithmen determinieren.

blemumfang - eine höhere Effizienz als die exponentielle Beschränktheit des Algorithmus. Beispielsweise können Effizienzurteile von average case-Analysen[331] ungültig sein, wenn die Umfänge der praktisch zu bewältigenden Probleme unterhalb der analysespezifischen Untergrenzen bleiben und polynomial mit exponentiell beschränkten Algorithmen verglichen werden. Analog läßt sich aufzeigen, daß Aussagen über die relative Vorteilhaftigkeit zweier polynomial beschränkter Probleme nicht gültig sein müssen, wenn die betrachteten Komplexitätsfunktionen von - u.U. sehr großen - multiplikativen (oder additiven) Konstanten abstrahieren[332].

Auch das absolute Effizienzurteil, ein polynomial beschränkter Algorithmus gestatte eine effiziente Problemlösung, ist nicht immer valide. Denn Polynomiale mit großen Exponenten oder - sofern explizit angeführt - mit großen multiplikativen Konstanten können schon für einen kleinen Problemumfang zu so hohem Lösungsaufwand führen, daß der Algorithmus von seinen Anwendern nicht mehr im intuitiven Begriffsverständnis als effizient betrachtet wird. Für die intuitiv-praktische Effizienz ist nicht die polynomiale Beschränktheit an sich ausschlaggebend[333], sondern die Tatsache, daß ein Lösungsalgorithmus existiert, dessen Lösungsaufwand für real häufig auftretende Problemumfänge durch ein Polynomial mit kleinen Exponenten (und ggf. kleinen additiven oder multiplikativen Konstanten) begrenzt wird[334].

---

331) Für worst case-Analysen tritt diese Validitätsproblematik im allgemeinen nicht ein, weil hier nicht auf Problemumfänge rekurriert wird, die für die Praxis repräsentativ sein sollen.

332) Vgl. Lawler (1976), S. 6.

333) Vgl. Garey (1979), S. 9 u. 135; Dantzig (1979), S. 1 ("... polynomially bounded time says little.") u. 3; Karp, zitiert in Frenkel (1986), S. 110.

334) Vgl. Paul (1978), S. 181; Garey (1979), S. 9, der nur noch Polynomiale mit Exponenten, die den Wert 3 nicht überschreiten, als Effizienz-Indikatoren anerkennen möchte; Dantzig (1979), S. 2f.; Frenkel (1986), S. 110 (indirekt).

Viertens stellt sich ein Validitätsdefizit ein, wenn Ergebnisse von worst case-Analysen als Urteile über die praktische Problemschwierigkeit ausgegeben werden. Denn worst case-Analysen erlauben per constructionem nur rein theoretische Komplexitätsurteile über den maximalen Lösungsaufwand für den schlechtest möglichen Fall. Invalide Komplexitätsfeststellungen dieser Art können zwar nicht der Komplexitätstheorie angelastet werden, weil sie aus der fehlerhaften Anwendung dieser Theorie resultieren. Doch verführt die vornehmliche Beschäftigung komplexitätstheoretischer Arbeiten - insbesondere auch ihrer populärwissenschaftlichen Rezeption - mit worst case-Analysen zu dem naheliegenden Fehlschluß, die derart gewonnenen (bedingten[335]) Komplexitätsurteile besäßen unbedingte Gültigkeit. Der Gefahr eines solchen Fehlschlusses ist auch die o.a.[336] Vermutung hinsichtlich eines implikativen Zusammenhangs zwischen worst und average case-Analysen ausgesetzt.

Fünftens leiden average case-Analysen oftmals unter der Problematik[337], daß die empirische Gültigkeit der zugrundegelegten Wahrscheinlichkeitsverteilungen oder die Repräsentativität der Mengen ausgewählter Problemausprägungen unbekannt ist oder kommentarlos vorausgesetzt wird. Die Validität der analytisch bzw. simulativ gewonnenen Komplexitätsresultate ist dann aber nicht gewährleistet.

---

335) Die Bedingung der Urteilsgültigkeit liegt in der Voraussetzung der worst case-Betrachtungsweise.

336) Vgl. S. 52.

337) Vgl. Karp (1976), S. 3; Simon (1976), S. 298; Rabin (1976), S. 21; Valiant (1978), S. 333; Bachem (1980), S. 817; Brown (1981), S. 590f.; Rardin (1982), S. 12; Goldberg (1984), S. 53; vgl. auch Garey (1979), S. 150, bezüglich des Problems, eine Wahrscheinlichkeitsfunktion auszuwählen.

3   Anwendung der Komplexitätstheorie auf Probleme des
     Operations Research

3.1 Überblick

Die typischen Probleme des Operations Research, die
zugleich als die "interessanten" Fragestellungen dieser
Disziplin betrachtet werden können[338], sind über die
Problemklassen der Komplexitätstheorie nicht annähernd
gleichmäßig verteilt. Vielmehr konzentrieren sich die
meisten Entscheidungsprobleme auf die Klasse NP[339].
Unter diesen NP-komplexen Entscheidungsproblemen spielen wiederum die NP-vollständigen Probleme, deren korrespondierenden Optimierungsprobleme NP-hart sind[340],
die wichtigste Rolle[341]. Daher weisen die Standard-
Konzepte der Komplexitätstheorie nur eine geringe
Trennschärfe hinsichtlich der Beurteilung der Schwierigkeit von OR-Problemen auf.

Die Ansätze der Komplexitätstheorie, jenseits der P-
komplexen Probleme weitere Komplexitätsstufen zu differenzieren, haben noch zu keinen herausragenden Erkennt-
nisfortschritten im Hinblick auf Fragestellungen des
Operations Research geführt[342]. Nur einige wenige NP-
vollständige Probleme konnten als einfach im Sinne der

---

338) Vgl. hierzu die Anmerkung auf S. 59.

339) Vgl. zur Relevanz der NP-komplexen Probleme für
     das Operations Research Benito (1978), S. 81ff.;
     vgl. auch Karp (1975b), S. 57.

     Bachem (1980), S. 824, vertritt die Ansicht, daß
     "... sich fast alle praxisrelevanten Operations
     Research Probleme in der Klasse NP befinden".

340) Vgl. S. 7f. u. 82ff.

341) Bachem (1980), S. 827, führt an, derzeit seien
     2.000 NP-vollständige OR-Probleme bekannt. Vgl.
     auch Brucker (1976c), S. 135ff.

342) Vgl. z.B. Fisher (1982), S. 23, mit dem Hinweis,
     daß für zahlreiche OR-Probleme grundsätzlich kein
     Algorithmus mit den wünschenswerten Approximati-
     ons-Eigenschaften existieren kann, die den ein-
     fach-NP-vollständigen Problemen zukommen.

Approximations-Algorithmen nachgewiesen werden[343]. Die worst case-Analyse von heuristischen Algorithmen bietet zur Zeit noch ein schwer zu überschauendes Bild, da die Ergebnisse stark mit der jeweils zugrundegelegten Problemspezifizierung variieren[344].

Zur Klasse der NP-vollständigen Entscheidungsprobleme mit korrespondierenden NP-harten Optimierungsproblemen, also zu den besonders interessanten Problemen aus dem Bereich des Operations Research, zählen z.B. die folgenden - realproblem- oder modellbezogen abgegrenzten - Gebiete[345]:

- Reihenfolge- und Terminplanung von Aufträgen, wie z.B. die Maschinenbelegungsplanung;

- Rundreise- und Tourenplanung vom traveling salesman-Typ;

- knapsack-Modelle (z.B. für Verpackungsprobleme);

- quadratische Zuordnungsmodelle (z.B. für die innerbetriebliche Standortplanung);

- Netzplan-Modelle (vor allem für die Projektplanung);

- Entscheidungsbaum-Modelle (z.B. für die flexible Investitionsplanung);

---

343) Vgl. Fisher (1982), S. 21ff. (in bezug auf knapsack-Probleme).

344) Vgl. Fisher (1982), S. 29. Vgl. auch die Ausführungen von Hall (1986), S. 275ff., in denen zwar worst case-Analysen für Heuristiken, welche der Reihenfolgeplanung von Aufträgen dienen, versucht werden. Doch werden derart restriktive Prämissen gesetzt, daß die "schwierigen" Planungsfälle a priori ausgeschlossen werden (S. 275), so daß dem inhaltlichen Anspruch einer worst case-Analyse implizit widersprochen wird.

345) Vgl. Karp (1972), S. 94f.; Brucker (1976b), S. 670f.; Müller-Merbach (1976), S. 71f.; Benito (1978), S. 84, 100ff. u. 109ff.; Garey (1979), S. 206ff. u. 236ff.; Brucker (1979), S. 80ff.; Bachem (1980), S. 824ff., insbesondere S. 827f.; Brucker (1981), S. 60ff. u. 194ff. Die angeführten Quellen listen über die oben exemplarisch angeführten Realproblem- und Modellklassen hinaus weitere Beispiele auf.

- rekursive Funktionsgleichungs-Modelle der dynamischen Optimierungsrechnung (z.B. für mehrperiodige Lagerhaltungsprobleme).

Probleme der Maschinenbelegung[346], der Rundreiseplanung vom traveling salesman-Typ[347] und der knapsack-Kategorie[348] wurden bereits an früherer Stelle beispielhaft vorgestellt.

Besonders intensiv wurden seitens der Komplexitätstheorie Probleme der Reihenfolgeplanung ("scheduling") untersucht. Ein Grund für dieses große Interesse kann in dem Sachverhalt liegen, daß sich hinsichtlich dieser Ordinierungsprobleme Fragestellungen des betriebswirtschaftlich ausgerichteten Operations Research und der informatik-bezogenen Gestaltung von Computer-Betriebssystemen (Abarbeiten von Jobs) überschneiden[349]. Auf die vielfältige Literatur zu dieser Thematik kann hier nur verwiesen werden[350].

---

346) Vgl. S. 55ff.

347) Vgl. S. 80f.

348) Vgl. S. 77.

349) Vgl. Graham (1979), S. 320.

350) Vgl. Ullman (1973), S. 96ff.; Ullman (1975), S. 384ff.; Brucker (1975), S. 6ff., insbesondere Table I u. II auf S. 10f.; Garey (1975), S. 397ff.; Rinnooy Kan (1976), S. 5ff. u. 56ff., insbesondere S. 106ff. u. Table 7.1-7.3 auf S. 132f.; Brucker (1976a), S. 357ff., insbesondere S. 363ff.; Brucker (1976c), S. 140ff.; Garey (1976a), S. 117ff.; Sethi (1977), S. 320ff., insbesondere S. 322ff.; Lenstra (1977), S. 346ff., insbesondere S. 348ff.; Ecker (1977), S. 10, 58ff. u. 244ff., insbesondere S. 253ff.; Gonzalez (1978), S. 36ff.; Lenstra (1978), S. 25ff.; Graham (1979), S. 288ff.; Garey (1979), S. 236ff.; Blazewicz (1980), S. 1ff.; Brucker (1981), S. 25ff., insbesondere Tabellen 1 bis 5 auf S. 60ff., S. 65ff. u. 194ff.; Coffman (1982), S. 319ff.; French (1982), S. 137ff., insbesondere S. 150ff.; Pinedo (1982), S. 355ff.; Fisher (1982), S. 25ff.; Hall (1986), S. 272ff.

Am Rande sei ein Computer-Programm erwähnt, das die Komplexität von Problemen der Reihenfolgeplanung automatisch zu klassifizieren vermag[351].

Anstatt die o.a. Realproblem- und Modellklassen des Operations Research in extenso zu diskutieren, werden nachfolgend zwei Probleme exemplarisch herausgegriffen, um sie einer detaillierteren Betrachtung zu unterziehen.

Das erste, das Erreichbarkeitsproblem der Petrinetz-Theorie, repräsentiert ein typisches Entscheidungsproblem aus dem Bereich der Graphentheorie. Es zeichnet sich insbesondere durch zwei Eigenschaften aus. Erstens gelang es erst in jüngster Zeit - als ein aktuelles Dokument des lebhaften Erkenntnisfortschritts der Komplexitätstheorie -, seine Entscheidbarkeit zu beweisen. Zweitens bewirkt sein anspruchsvoller Lösungsalgorithmus eine außerordentlich hohe Problemkomplexität.

Darüber hinaus konnte aufgezeigt werden, daß sich eine Vielzahl von - ebenfalls lange Zeit ungelösten - Problemen, die vornehmlich aus den Bereichen der formalen Sprachen und mathematischen Logik (Metamathematik) stammen, auf das Erreichbarkeitsproblem für Petrinetze zurückführen läßt[352]. Daher liefert die Lösung dieses Erreichbarkeitsproblems den Schlüssel zur Bewältigung zahlreicher anderer Probleme[353]. Zumindest ist durch seine Lösung die Existenz von Lösungen für die anderen Probleme bewiesen, auch wenn hiermit die tatsächliche Gestalt jener Lösungen - d.h. ihre Unentscheidbarkeit

---

351) Vgl. Graham (1979), S. 319.

352) Vgl. Crespi-Reghizzi (1977), S. 186ff. u. 190f.; Börger (1980), S. 123f. u. 129ff.; Mayr (1980), S. 52f.; Starke (1980), S. 150; Mayr (1984), S. 441.

353) So bezeichnet Hack (1975), S. 72, das Erreichbarkeitsproblem als das mutmaßlich wichtigste Problem im Kontext der Petrinetz-Theorie und verwandter mathematischer Konzepte. Ähnlich äußern sich Peterson (1981), S. 87f.; Mayr (1984), S. 441; Howell (1987b), S. 46.

oder die Komplexität der Lösungsalgorithmen im Falle
ihrer Entscheidbarkeit - noch nicht konstruktiv gegeben
sein muß.

Das zweite Problem, das näher behandelt wird, erstreckt sich auf den Bereich der linearen Optimierung
(Programmierung). Sie besitzt im Gegensatz zum abstrakten Erreichbarkeitsproblem der Petrinetz-Theorie große
Bedeutung für die Lösung konkreter betrieblicher Realprobleme. Das Problem der linearen Optimierung ähnelt
dem Erreichbarkeitsproblem insofern, als auch für die
lineare Optimierung erst vor kurzem neue Komplexitätserkenntnisse gewonnen werden konnten. Im Gegensatz zum
Erreichbarkeitsproblem ließ sich für dieses Problem
aber die Zugehörigkeit zu einer besonders einfachen
Komplexitätsklasse nachweisen.

3.2   Beispiele

3.2.1   Das Erreichbarkeitsproblem der Petrinetz-
         Theorie

3.2.1.1 Einführung in das Konzept der Petrinetze

Um das Erreichbarkeitsproblem der Petrinetz-Theorie zu erläutern, braucht nur auf ihre Basisvariante, das Konzept der Stelle/Transition-Netze zurückgegriffen zu werden. In einer ersten informalen Annäherung läßt sich ein Stelle/Transition-Netz - im folgenden kurz als "Petrinetz" oder "Netz" bezeichnet - als ein gerichteter bipartiter markierter Graph charakterisieren.

Die Menge der Knoten dieses Graphen ist in die disjunkten Teilmengen der S-Knoten ("Stellen") und der T-Knoten ("Transitionen") zerlegt. Die Stellen können von beweglichen Objekten ("Marken") belegt werden. Eine Verteilung dieser Marken über die Stellen eines Petrinetzes wird als Markierung bezeichnet. Die Transitionen lassen sich "schalten", wobei sie - in Richtung der Kanten, die Stellen und Transitionen miteinander verbinden - von den unmittelbar vorgelagerten Stellen Marken abziehen und auf den unmittelbar nachgelagerten Stellen Marken ablegen.

Für das Verständnis des Erreichbarkeitsproblems empfiehlt es sich, das Konzept der Stelle/Transition-Netze in formaler Weise zu präzisieren[354]: Ein solches Netz läßt sich als ein 6-Tupel $STN = (S,T,F,K,W,M_0)$ mit nachfolgend beschriebenen Eigenschaften definieren.

S ist die endliche Menge der Stellen s_j (mit j=1, ...,n) und T die endliche Menge der Transitionen t_i (mit i=1,...,m). $F \subseteq ((SxT) \cup (TxS))$[355] ist die Flußrelation aus geordneten 2-Tupeln (s_j,t_i) oder (t_i,s_j), die Stellen und Transitionen miteinander verknüpft.

---

354) Vgl. Jantzen (1980), S.167ff.; Starke (1980), S. 50ff.; Reisig (1987), S. 118ff.

355) Das Symbol "x" vertritt das kartesische Produkt der betroffenen Mengen.

Dies geschieht in der Richtung des Markenflusses, der zwischen den Stellen durch das Schalten der Transitionen verursacht wird. Wenn eine Stelle und eine Transition unmittelbar benachbart sind, d.h. durch ein Tupel der Flußrelation miteinander verknüpft werden, heißen sie "inzident".

Es wird $S \cap T = \emptyset$ und $S \cup T \neq \emptyset$ vorausgesetzt. Ferner wird unterstellt, daß die Flußrelation Stellen und Transitionen vollständig verknüpft, d.h. es existieren weder isolierte Stellen noch isolierte Transitionen. Folglich ergibt die Vereinigung von Definitions- und Wertebereich der Flußrelation die Objektmenge $S \cup T$.

Die graphische Repräsentation des Tripels $G = (S, T, F)$ ist ein bipartiter, gerichteter Graph mit zwei artverschiedenen Knoten: den Stellen und den Transitionen, die als Kreise bzw. als Quadrate[356] dargestellt werden. Die gerichteten Kanten zwischen Stellen und Transitionen werden jeweils durch ein 2-Tupel der Flußrelation (Kantenursprung als erste, Kantenspitze als zweite Tupel-Komponente) definiert.

Die Kapazitätsfunktion $K: S \to N \cup \{\infty\}$[357] ordnet jeder Stelle die Kapazität maximal auf ihr zulässiger Marken zu. Durch die Gewichtsfunktion $W: F \to N$ wird jedes 2-Tupel der Flußrelation (jede Netzkante) mit dem Kantengewicht w versehen. Es gibt die Anzahl der Marken an, die beim Schalten der zur Kante gehörigen ("adjazenten") Transition in Kantenrichtung bewegt werden.

$M_0: S \to N_0$ bildet als Ausgangsmarkierung jede Stelle auf eine Anzahl von Marken ab, die sich auf ihr im Ausgangszustand des Netzes befinden. Die Markierungsfunk-

---

356) Vgl. hierzu die exemplarische Darstellungen in Abb. 3.1 u. 3.2 auf S. 108 sowie in Abb. 5 auf S. 114.

357) Mit "∞" wird eine beliebige, unbeschränkt große Zahl, mit "N_0" die Menge der natürlichen Zahlen einschließlich der Null bezeichnet. Soll aus der Menge der natürlichen Zahlen die Null ausgeschlossen werden, wird das Symbol "N" verwendet.

tion M_0 wird oftmals in der inhaltlich äquivalenten Form des Markierungsvektors $\underline{M}_0$ verwendet, der mit $\underline{M}_0^T = (M_0(s_1),\dots,M_0(s_n))$[358] in seiner j-ten Komponente die Markenanzahl $M_0(s_j)$ der Stelle s_j unter der Ausgangsmarkierung M_0 ausweist[359].

Die statische Netzstruktur, die aus den Knotenmengen S und T, der Kantenmenge F, der Kapazitätsfunktion K sowie der Gewichtsfunktion W gebildet wird, läßt sich durch die Inzidenzmatrix $\underline{C}$ mit n Zeilen für die Stellen s_j (j=1,$\dots$,n) und m Spalten für die Transitionen t_i (i=1,$\dots$,m) beschreiben. Für jeden ihrer Koeffizienten $c_{i.j}$ gilt:

$$c_{i.j} = \begin{cases} -w(s_j,t_i) & \text{;falls } (s_j,t_i)\in F \text{ und } (t_i,s_j)\notin F \\ w(t_i,s_j)-w(s_j,t_i) & \text{;falls } (s_j,t_i)\in F \text{ und } (t_i,s_j)\in F \\ w(t_i,s_j) & \text{;falls } (s_j,t_i)\notin F \text{ und } (t_i,s_j)\in F \\ 0 & \text{;falls } (s_j,t_i)\notin F \text{ und } (t_i,s_j)\notin F \end{cases}$$

Die dynamische Netzstruktur wird einerseits durch die Ausgangsmarkierung $\underline{M}_0$ im Sinne einer Randbedingung bestimmt. Anderseits ist sie implizit durch die Schaltregel der Transitionen definiert. Sie besteht für Stelle/Transition-Netze aus einer Abbildung SR von Vorgängermarkierungen $\underline{M}$ und schaltenden Transitionen t_i auf Nachfolgermarkierungen $\underline{M}'$:

$$\text{SR:} \quad N_0^n \times T \to N_0^n$$

$$(\underline{M},t_i) \to \underline{M}'=\underline{M}+\underline{C}\cdot\underline{t}_i; \quad \begin{cases} \text{falls } M(s_j)\geqslant w(s_j,t_i) \\ \text{für alle } s_j\in V(t_i) \text{ und} \\ M(s_j)\leqslant K(s_j)-w(t_i,s_j) \\ \text{für alle } s_j\in N(t_i) \text{ gelten} \end{cases}$$

---

358) Vektoren sind hier grundsätzlich als Spaltenvektoren definiert. Wenn sie als Zeilenvektoren dargestellt werden sollen, wird dies durch das Superskript "T" für die transponierte Vektorform wiedergegeben.

359) Unter den Markierungsbegriff wird nachfolgend sowohl die Markierungsfunktion als auch der Markierungsvektor subsumiert. Falls nur auf den Markierungsvektor zurückgegriffen wird, läßt sich ein Petrinetz von vornherein durch das Tupel STN=(S,T, F,K,W,$\underline{M}_0$) definieren.

Hierbei umfaßt der Vorbereich $V(t_i)$ der Transition t_i alle Stellen s_j, die ihr - gemäß der Flußrelation F - unmittelbar vorgelagert sind. Entsprechend enthält der Nachbereich $N(t_i)$ der Transition t_i alle Stellen s_j, die ihr unmittelbar nachgelagert sind. $\underline{t}_i$ ist der Schaltvektor der Transition t_i. Er besitzt als m-stelliger Spaltenvektor nur an der i-ten Stelle eine Eins, sonst besteht er aus Nullen als Komponenten.

Die zweiteilige Schaltregel bewirkt, daß eine Transition t_i nur dann schalten kann, wenn gilt ("Aktivierungsbedingung"):

- Auf den Stellen s_j ihres Vorbereichs befinden sich jeweils mindestens so viele Marken, wie durch das Schalten der Transition über die Kanten (s_j, t_i) mit den Gewichten $w(s_j, t_i)$ abgezogen werden.

- Auf den Stellen s_j ihres Nachbereichs liegen höchstens so viele Marken, daß durch das Schalten der Transition über die Kanten (t_i, s_j) mit den Gewichten $w(t_i, s_j)$ zu den - auf den Stellen bereits befindlichen - Marken nicht mehr neue Marken hinzugefügt werden, als durch die Kapazitäten $K(s_j)$ dieser Stellen jeweils erlaubt ist.

Wenn eine derart aktivierte Transition schaltet, zieht sie von ihren unmittelbar vorgelagerten Stellen so viele Marken ab und belegt ihre unmittelbar nachgelagerten Stellen mit so vielen neuen Marken, wie durch die Gewichte der adjazenten Kanten bestimmt und durch die Koeffizienten der Inzidenzmatrix $\underline{C}$ wiedergegeben wird ("Schaltwirkung"). Eine aktivierte Transition kann, muß aber nicht schalten[360].

---

360) Vgl. hierzu die Erläuterungen auf S. 109f. Von den dort beschriebenen konfliktionär aktivierten Transitionen kann per definitionem jeweils nur eine geschaltet werden. Die andere aktivierte Transition wird bei der Konfliktauflösung nicht geschaltet. Daher ist die o.a. Festlegung erforderlich, daß eine aktivierte Transition nicht notwendig schalten muß.

Abb. 3.1 u. 3.2 auf S. 108 verdeutlichen diesen Schaltprozeß für einen Petrinetz-Ausschnitt[361]. Die erste Abbildung zeigt den Netzzustand unter der Markierung $\underline{M}$, in dem die Transition t_i durch die Marken-Belegung ihrer vorgelagerten Stellen aktiviert ist. Die zweite Abbildung dokumentiert den Netzzustand unter der Markierung $\underline{M}'$, der durch das Schalten der Transition t_i bewirkt wird. Diese Transition zieht von ihren vorgelagerten Stellen so viele Marken ab und legt auf ihren nachgelagerten Stellen so viele Marken nieder, wie es den Gewichten (Kantenbeschriftungen) ihrer adjazenten Kanten entspricht.

$f=(t_{h(1)},t_{h(2)},\ldots,t_{h(z)})$ bezeichnet eine Folge (Schaltfolge) aus z - nicht notwendig verschiedenen[362] - Transitionen t_i mit $i=h(k)$, $k\in\{1,\ldots,z\}$ und $z\in N$. Wenn diese Schaltfolge im aktuellen Netzzustand, der durch die Markierung $\underline{M}$ beschrieben ist, geschaltet wird, resultiert die Markierung $\underline{M}'$ nach Schalten der letzten (der z-ten) Transition.

Diese Markierung $\underline{M}'$ wird dadurch ermittelt, daß die Schaltregel jeweils für das Schalten einer Transition $t_{h(k)}$ mit $k\in\{2,\ldots,z\}$ aus der Folge f auf diejenige Markierung angewendet wird, die von ihrer Vorgänger-Transition $t_{h(k-1)}$ erzeugt wurde. Wenn der m-stellige Spaltenvektor $\underline{t}_f$ in seiner i-ten Komponente angibt, wie oft Transition t_i in der Folge f geschaltet wird, gilt:

$$\underline{M}'=\underline{M}+\underline{C}\cdot\underline{t}_f.$$

---

361) Strenggenommen handelt es sich um die graphische Repräsentation eines Teilnetzes. Der Einfachheit halber wird aber von dem Unterschied zwischen dem mathematischen Konstrukt "Petrinetz" und seiner graphischen Repräsentation abgesehen.

362) In einer solchen Folge kann dieselbe Transition mehrmals - auch unmittelbar hintereinander - geschaltet werden.

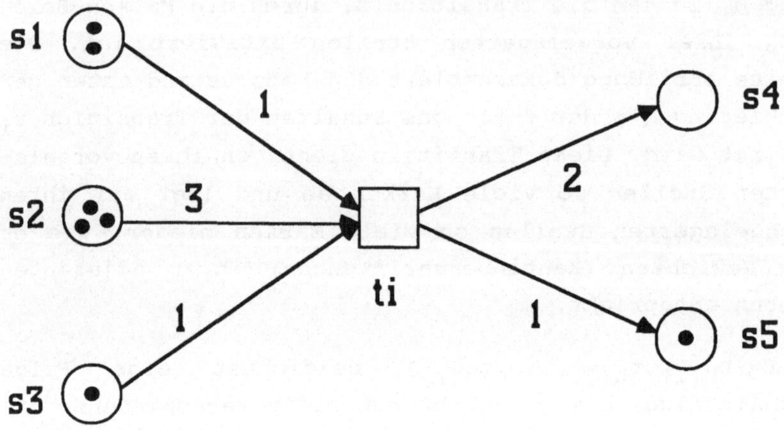

Abb. 3.1: Netzzustand unter der Markierung $\underline{M}$ vor dem Schalten der Transition t_i

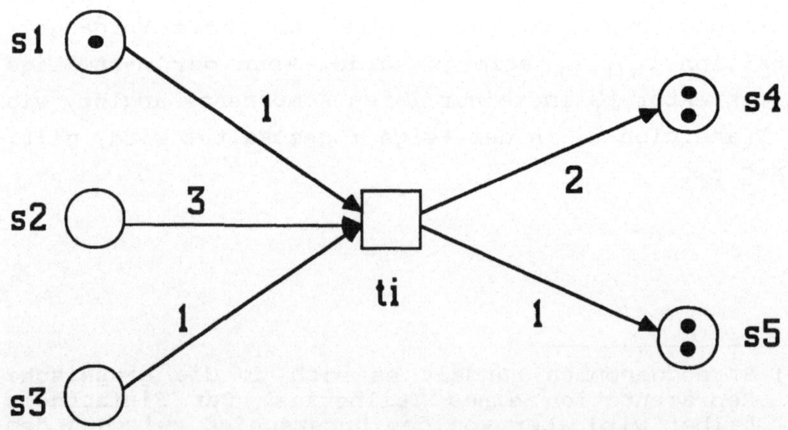

Abb. 3.2: Netzzustand unter der Markierung $\underline{M}'$ nach dem Schalten der Transition t_i

Wenn sich die Markierung $\underline{M}'$ durch Schalten der Schaltfolge f von der Markierung $\underline{M}$ aus erreichen läßt, so wird dies als $\underline{M}[f>\underline{M}'$ notiert. Dieses Konzept der Erreichbarkeit einer Markierung umfaßt auch den Spezialfall, daß die Schalt"folge" f nur genau eine Transition t_i enthält. Dann ist es gemäß $\underline{M}[t_i>\underline{M}'$ möglich, die Markierung $\underline{M}'$ von der Markierung $\underline{M}$ aus durch Schalten dieser Transition t_i zu erreichen.

Petrinetze zeichnen sich durch ihre Eigenschaft aus, nebenläufige ("parallele") Prozesse unmittelbar modellieren zu können. Dies wird durch eine Erweiterung des Schaltfolgen-Konzepts ermöglicht. Unter einer Markierung $\underline{M}$ braucht nicht nur (höchstens) eine Transition aktiviert zu sein. Vielmehr können auch die Aktivierungsbedingungen mehrerer Transitionen von dieser Markierung erfüllt werden. Eine mehrelementige Teilmenge dieser Menge aktivierter Transitionen heißt genau dann nebenläufig aktiviert, wenn jede Transition der Teilmenge geschaltet werden kann, ohne die Aktivierungsbedingung (mindestens) einer anderen Transition aus dieser Teilmenge hierdurch aufzuheben. Die Transitionen einer solchen Teilmenge werden als nebenläufig aktiviert bezeichnet.

Es ist durchaus auch möglich, daß das Schalten einer aktivierten Transition die Aktivierung einer anderen Transition aufhebt. Denn der Markenfluß, der durch die schaltende erste Transition bewirkt wird, kann die Markierung der Stellen aus dem Vorbereich der zweiten Transition derart verändern, daß die zweite Transition nicht mehr aktiviert ist. Dies ist allerdings - bei dem hier betrachteten einfachen Petrinetz-Typ - nur möglich, wenn die Vor- oder die Nachbereiche der betrachteten Transitionen nicht disjunkt sind, wenn diese Transitionen also mindestens eine gemeinsame vor- oder mindestens eine gemeinsame nachgelagerte Stelle besitzen. Zwei Transitionen, die bei ihrem Schalten jeweils die Aktivierung der anderen Transition aufheben, werden als konfliktionär aktiviert bezeichnet[363].

Beim Übergang von der Markierung $\underline{M}$ zu ihrer Folgemarkierung $\underline{M}'$ kann jede beliebige (von Null verschiedene) Anzahl nebenläufig aktivierter Transitionen geschaltet werden, also z.B. nur eine Transition, immer zwei oder auch stets alle Transitionen. Fortan wird die Schalt-Strategie unterstellt, daß unter einer Markierung sowohl jede aktivierte Transition einzeln als auch jede Teilmenge nebenläufig aktivierter Transitionen für sich geschaltet werden kann. Hierdurch wird das Verhaltenspotential des Petrinetzes - und hiermit auch des modellierten Produktionssystems - vollständig ausgeschöpft.

Sei NT_q mit $q{\in}N$ und $NT{\subseteq}T$ eine - mindestens zweielementige - Menge von Transitionen, die unter der Markierung $\underline{M}$ nebenläufig aktiviert sind. Werden diese Transitionen mit $\underline{M}'$ als Folgemarkierung nebenläufig ("parallel") geschaltet, so wird dies als $\underline{M}[NT_q{>}\underline{M}'$ notiert. Um sowohl das "einfache" Schalten einer Transition gemäß $\underline{M}[t_i{>}\underline{M}'$ als auch das nebenläufige Schalten gemäß $\underline{M}[NT_q{>}\underline{M}'$ im allgemeinen Konzept der Schaltfolge f zu erfassen, bezeichnet das Symbol ST_r mit $ST_r{\in}\{t_i,NT_q\}$

---

363) Falls unter einer Markierung $\underline{M}$ solche konfliktionär aktivierten Transitionen vorliegen, hängt die Folgemarkierung $\underline{M}'$ davon ab, welche dieser Transitionen tatsächlich geschaltet wird. Da die Auswahl der zu schaltenden Transition durch die Definition des Petrinetzes selbst nicht festgelegt ist, liegt im Fall konfliktionär aktivierter Transitionen ein indeterministisches Netzverhalten vor. Trotzdem läßt sich dieses Netzverhalten mit Hilfe der Erreichbarkeitsgraphen vollständig beschreiben, die weiter unten auf S. 117ff. näher dargestellt werden. Die alternativen Schaltmöglichkeiten für konfliktionär aktivierte Transitionen führen in einem Erreichbarkeitsgraphen dazu, daß sich der Knoten, der die Markierung $\underline{M}$ darstellt, in mehrere Folgeknoten verzweigt, die jeweils eine mögliche Auflösung des Schaltkonflikts mit der resultierenden Folgemarkierung $\underline{M}'$ repräsentieren. Vgl. hierzu die Knoten-Verzweigungen im Erreichbarkeitsgraphen der Abb. 6 auf S. 119.

die jeweils geschaltete Transition oder Transitionen-Teilmenge. Hiermit läßt sich die Schaltfolge f allgemein darstellen als $f=(ST_{p(1)},\ldots,ST_{p(z)})$.

Die Menge aller Markierungen $\underline{M}$, die durch das Schalten beliebiger Transitionsfolgen f von der Ausgangsmarkierung $\underline{M}_0$ aus erreicht werden können oder diese Ausgangsmarkierung selbst sind, wird als Erreichbarkeitsmenge $R(\underline{M}_0)$ bezeichnet. Diese Menge ist charakterisiert durch: $R(\underline{M}_0)=\{\underline{M}\,|\,\underline{M}=\underline{M}_0$ oder es existiert mindestens eine Folge $f\in(T\cup P_2(T))^z$ mit $z\in N$ und $\underline{M}_0[f>\underline{M}\}$[364].

Das Erreichbarkeitsproblem der Petrinetz-Theorie besteht in dem Problem zu entscheiden, ob von einer gegebenen (Ausgangs-)Markierung $\underline{M}_0$ durch beliebig, aber endlich häufiges Schalten der Transitionen des Petrinetzes eine ebenfalls gegebene (End-)Markierung $\underline{M}_E$ erreicht werden kann[365]. Formal bedeutet dies, das Entscheidungsproblem zu lösen, ob die Aussage $\underline{M}_E\in R(\underline{M}_0)$ wahr ist oder nicht.

---

364) Mit $P_2(T)$ wird die (modifizierte) Potenzmenge der Menge T, d.h. die Menge aller Teilmengen der Transitionenmenge T bezeichnet, die mindestens zwei Elemente enthalten.

365) Vgl. zu ausführlichen Darstellungen des Erreichbarkeitsproblems Mayr (1977), S. 10ff.; Peterson (1977), S. 240ff.; Starke (1980), S. 150ff.; Grabowski (1980), S. 209 u. 212ff.; Mayr (1980), S. 1f. u. 52ff.; Jantzen (1980), S. 174f. u. 183ff.; vgl. auch Niehuis (1986), S. 27.

3.2.1.2 Exemplarische Veranschaulichung des Erreich-
barkeitsproblems

Zur Verdeutlichung von Erreichbarkeitsanalysen der Petrinetz-Theorie wird ein einfaches Problem[366] aus dem Bereich der Produktionsplanung betrachtet. Es handelt sich um die Aufgabe, ein Endprodukt (EP_1) aus zwei Zwischenprodukten (ZP_2 und ZP_3) und drei Vorprodukten (VP_4, VP_5 und VP_6) auf zwei Maschinen (M_1 und M_2) zu fertigen. Abb. 4 auf S. 113 zeigt einen (erweiterten) Gozinto-Graphen, der beschreibt, auf welche Weise das Endprodukt aus den Zwischen- und Vorprodukten hergestellt werden kann: Jedes Produkt P_v mit $P \in \{EP, VP, ZP\}$ und $v = \{1, \ldots, 6\}$ wird durch einen Knoten k_v des Graphen abgebildet. Eine Kante, die vom Knoten k_v zum Knoten $k_{v'}$ gerichtet und mit dem 2-Tupel $(e_{v.v'}, M_w)$ beschriftet ist, drückt aus, daß zur Fertigung von Produkt $P_{v'}$ auf Maschine M_w vom Produkt P_v genau $e_{v.v'}$ Einheiten eingesetzt werden; hierbei gilt $M_w \in \{M_1, M_2\}$) sowie $e_{v.v'} \in N$. Das Tupel $(e_{v.v'}, M_w \in \{M_1, M_2\})$ bedeutet, daß der betroffene Fertigungsprozeß alternativ auf der Maschine M_1 oder M_2 ausgeführt werden kann.

Diese Produktionsstruktur läßt sich durch ein Petrinetz modellieren, dessen graphische Repräsentation Abb. 5 auf S. 114 wiedergibt. Jedes Produkt wird durch eine Stelle abgebildet, die als ein Eingangs-, Zwischen- oder Ausgangslager des betroffenen Produkts interpretiert werden kann. Den Produkten EP_1, ZP_2, ZP_3, VP_4, VP_5 und VP_6 sind die (Lager-)Stellen s_{10}, s_6, s_8, s_1, s_2 bzw. s_3 zugeordnet. Im Ausgangszustand der Produktion, der durch die Ausgangsmarkierung $\underline{M}_0^T = (5,5,5,0,0, \ldots, 0)$ spezifiziert ist, liegen von jedem Vorprodukt 6

---

366) Dieses Problem beansprucht nicht, ein Realproblem der betrieblichen Produktionsplanung adäquat zu erfassen. Vielmehr wurde es als Idealproblem so einfach strukturiert, daß es durch ein Petrinetz hinreichend übersichtlich dargestellt werden kann, um keine computergestützten Gestaltungs- und Analyseinstrumente zu Hilfe ziehen zu müssen.

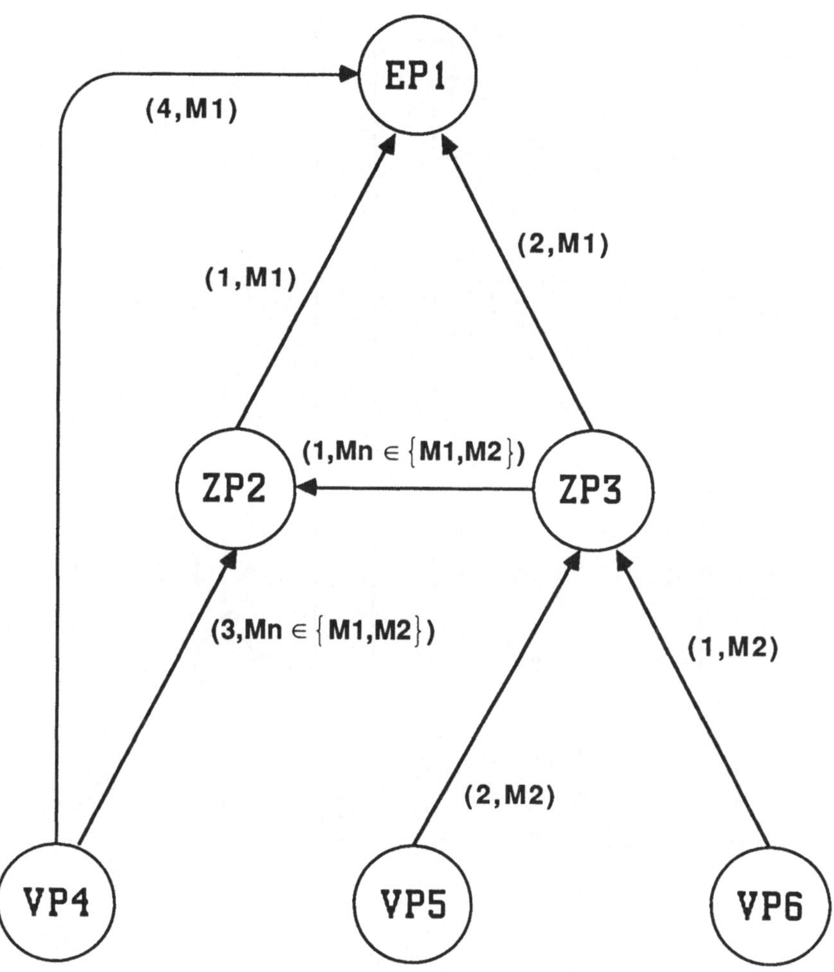

Abb. 4:   (Erweiterter) Gozinto-Graph einer Produktions-
          struktur

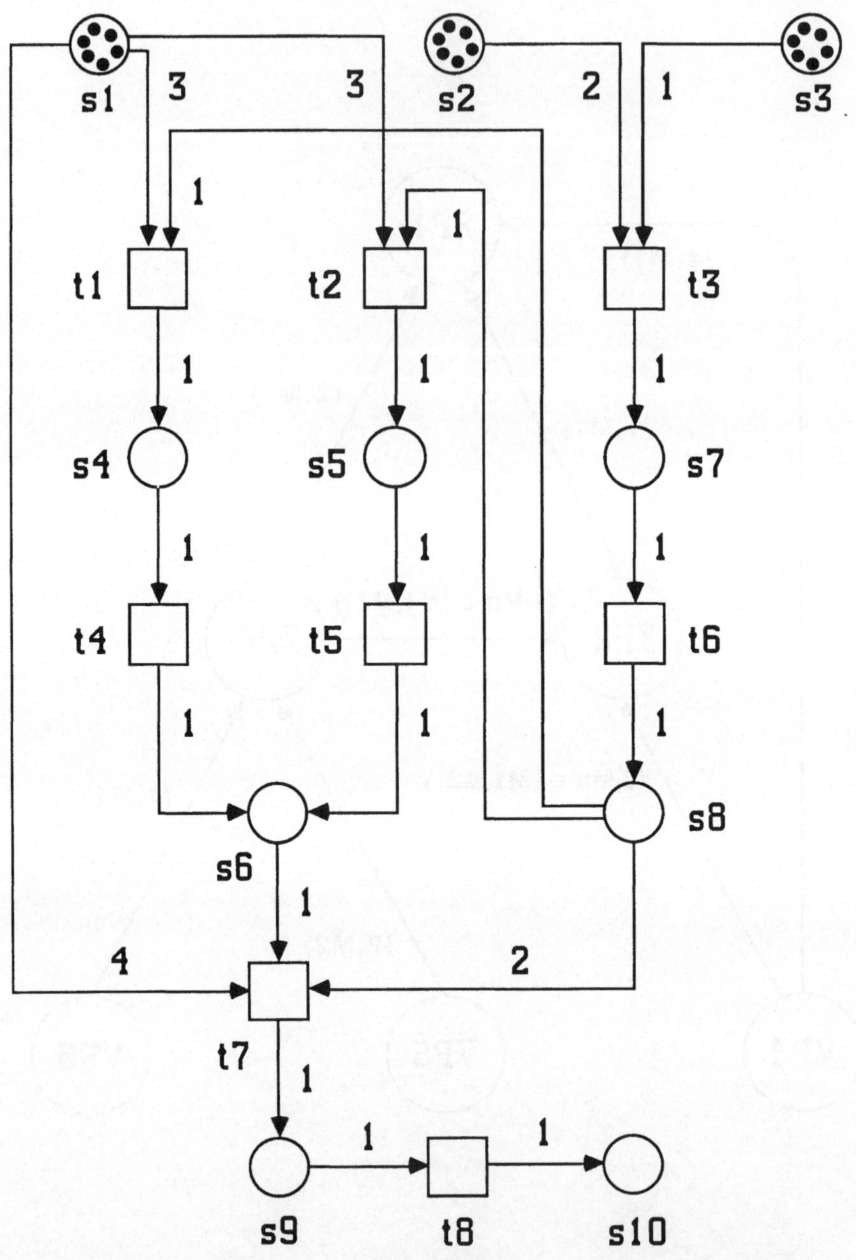

Abb. 5: Petrinetz für die Produktionsstruktur aus
der Abb. 4 (S. 113)

Einheiten auf Lager. Für die Zwischenprodukte und für das Endprodukt bestehen dagegen im Ausgangszustand gemäß $\underline{M}_0{}^T$ keine Lagerbestände. Für alle Produktlager wird die Lagerkapazität von jeweils 10 Einheiten angenommen, d.h. $K(s_1)=K(s_2)=K(s_3)=K(s_6)=K(s_8)=K(s_{10})=10$.

Eine Maschine wird durch einen Knotenkomplex aus zwei Transitionen und einer Stelle repräsentiert. Die - in Richtung des Markenflusses - erste Transition drückt durch ihr Schalten aus, daß auf der Maschine ein Fertigungsprozeß begonnen wird. Hierzu werden von den vorgelagerten (Lager-)Stellen die erforderlichen Einheiten der zu bearbeitenden Produkte abgezogen. Zugleich wird die Stelle des Knotenkomplexes, die der ersten Transition nachgelagert ist, mit einer Marke belegt. Dies repräsentiert den Maschinenzustand "belegt". Es wird vorausgesetzt, daß eine Maschine in jedem Zeitpunkt nur durch höchstens einen Fertigungsprozeß "belegt" werden kann, also auf der (Maschinen-)Stelle jeweils nur maximal eine Marke liegen darf[367].

Wenn der Fertigungsprozeß beendet ist, schaltet die zweite Transition, die dieser (Maschinen-)Stelle nachgelagert ist. Sie zieht die Marke dieser Stelle ab, so daß die fehlende Markierung der (Maschinen-)Stelle den Maschinenzustand "frei" repräsentiert. Zugleich werden durch das Schalten dieser Transition auf der (Lager-)Stelle ihres Nachbereichs jeweils so viele Marken abgelegt, wie Einheiten von dem betroffenen Produkt während des Fertigungsprozesses hergestellt werden.

Da das Petrinetz nicht nur - wie der o.a. Gozinto-Graph - die sachlogische Produktionsstruktur abbildet, sondern den tatsächlich erforderlichen, wenn auch abstrakt modellierten Produktionsprozeß, müssen die Maschinen M_1 und M_2 im Petrinetz durch jeweils zwei der voranstehend erläuterten Knotenkomplexe repräsentiert

---

367) Dies bedeutet, daß die Marken-Kapazität jeder (Maschinen-)Stelle den Wert 1 annimmt: $K(s_4)=K(s_5)=K(s_7)=K(s_9)=0$.

werden. Denn die Maschinen M_1 und M_2 gelangen im Produktionsablauf je einmal für die Fertigung von Endprodukt EP_1 bzw. von Zwischenprodukt ZP_3 zum Einsatz. Zusätzlich kann bei der Fertigung von Zwischenprodukt ZP_2 zwischen den Maschinen M_1 und M_2 gewählt werden. Um jede Alternative explizit zu modellieren, müssen beide Maschinen jeweils ein zweites Mal abgebildet werden[368].

Daher resultieren als Darstellungen des Maschinenparks und alternativer Fertigungsmöglichkeiten die Knotenkomplexe:

- $\{t_7, s_9, t_8\}$ für die Fertigung von Endprodukt EP_1 auf Maschine M_1,

- $\{t_3, s_7, t_6\}$ für die Fertigung von Zwischenprodukt ZP_3 auf Maschine M_2,

- $\{t_1, s_4, t_4\}$ für die Fertigung von Zwischenprodukt ZP_2 auf Maschine M_1 und

- $\{t_2, s_5, t_5\}$ für die Fertigung von Zwischenprodukt ZP_2 auf Maschine M_2.

Untersucht werden soll nun, ob in dieser Produktionsstruktur und unter Voraussetzung der Lagerbestände des Ausgangszustands (mindestens) eine Einheit des Endprodukts hergestellt werden kann. Dies wäre der Fall, wenn sich von der Ausgangsmarkierung $\underline{M}_0$ eine Zielmarkierung

---

368) Die Modellierung der Maschinenwahl erfolgt hierbei präzise, während sie im Gozinto-Graphen ungenau bleibt. Denn aus der Beschriftung der Eingangskanten des Knotens für das Zwischenprodukt ZP_2 im Gozinto-Graphen (vgl. Abb. 4 auf S. 113) wird nicht klar ersichtlich, daß für die Fertigung dieses Zwischenprodukts nur entweder Maschine M_1 oder Maschine M_2 eingesetzt werden kann. Vielmehr ließe diese Beschriftung auch die - sachlogisch inkonsistente - Möglichkeit zu, bezüglich der Bearbeitung des einzusetzenden Zwischenprodukts ZP_3 und des ebenso heranzuziehenden Vorprodukts VP_4 jeweils eine andere Maschine zu benutzen. Im Petrinetz der Abb. 5 auf S. 114 ist eine solche fehlerhafte Interpretation dagegen durch die korrekte Anwendung der Schaltregel auf die Transitionen t_4 und t_6 grundsätzlich ausgeschlossen.

$\underline{M}_Z$ erreichen ließe, unter der die Stelle s_{10} mit mindestens einer Marke belegt ist, sich also mindestens eine Einheit des Endprodukts in dessen Ausgangslager befindet. Entsprechend ist das formale Entscheidungsproblem zu lösen: Existiert eine Markierung $\underline{M}_Z$ $R(\underline{M}_0)$, für die $\underline{M}_Z \in \{\underline{M} \mid N_0{}^{10} \ \underline{M}^T = (M(s_1), \ldots, M(s_{10})$ und $M(s_{10}) \geqslant 1\}$[369] gilt?

Im Fall des hier betrachteten, konkret spezifizierten Petrinetzes läßt sich dieses Entscheidungsproblem durch die Konstruktion eines Erreichbarkeitsgraphen lösen. Der Erreichbarkeitsgraph geht durch sukzessives Anwenden der o.a. Schaltregel auf die Ausgangsmarkierung und ihre Folgemarkierungen unter Beachtung aller alternativen Schaltmöglichkeiten[370] hervor. Jeder Knoten dieses Graphen repräsentiert eine Markierung aus der Erreichbarkeitsmenge des analysierten Petrinetzes. Jede Kante zwischen zwei Knoten ist von der Vorgänger- zur Folgemarkierung gerichtet und mit derjenigen Transition oder derjenigen Teilmenge nebenläufig aktivierter Transitionen beschriftet, deren Schalten den Übergang zwischen jenen beiden Markierungen bewirkt.

---

369) Im Gegensatz zum "gewöhnlichen" Erreichbarkeitsproblem der Petrinetz-Theorie, bei dem nur nach der Erreichbarkeit von genau einer Markierung gefragt wird, liegt hier eine Verallgemeinerung derart vor, daß die Definitionsbedingungen der Zielmarkierung $\underline{M}_Z$ grundsätzlich von unendlich vielen Markierungen erfüllt werden können. Dies läßt sich durch beliebige Markierungen der Stellen $s_1, \ldots, s_9$ oder durch eine beliebig große Markierung der Stelle s_{10}, sofern diese mindestens den Wert $M_Z(s_{10}) = 1$ annimmt, erreichen. Dennoch handelt es sich hierbei um keine Verfälschung des Erreichbarkeitsproblems. Denn durch technische Netzmodifizierungen (Ergänzung von "Absorber-Transitionen", die überflüssige Marken von den Stellen $s_1, \ldots, s_9$ abziehen, ohne neue Marken abzulegen) und Beschränkung auf die Zielmarkierung $\underline{M}_Z$ mit $M_Z(s_{10}) = 1$ könnte das Erreichbarkeitsproblem auf die Frage reduziert werden, ob die Zielmarkierung $\underline{M}_Z$ mit $\underline{M}_Z{}^T = (0, \ldots, 0, 1)$ von der Ausgangsmarkierung $\underline{M}_0$ aus erreicht werden kann.

370) Vgl. hierzu die Erläuterungen auf S. 109f. zu konfliktionär aktivierten Transitionen.

Abb. 6 auf S. 119 gibt den Erreichbarkeitsgraphen für das Petrinetz der Abb. 5 von S. 114 wieder. Hierbei sind die Markierungen $\underline{M}_w$ mit $w=0,\ldots,22$ wie folgt festgelegt:

$$\underline{M}_0{}^T=(6,6,6,0,0,0,0,0,0,0) \qquad \underline{M}_1{}^T=(6,4,5,0,0,0,1,0,0,0)$$
$$\underline{M}_2{}^T=(6,4,5,0,0,0,0,1,0,0) \qquad \underline{M}_3{}^T=(3,4,5,1,0,0,0,0,0,0)$$
$$\underline{M}_4{}^T=(3,4,5,0,1,0,0,0,0,0) \qquad \underline{M}_5{}^T=(6,2,4,0,0,0,1,1,0,0)$$
$$\underline{M}_6{}^T=(3,2,4,1,0,0,1,0,0,0) \qquad \underline{M}_7{}^T=(3,2,4,0,1,0,1,0,0,0)$$
$$\underline{M}_8{}^T=(3,4,5,0,0,1,0,0,0,0) \qquad \underline{M}_9{}^T=(3,2,4,0,0,1,1,0,0,0)$$
$$\underline{M}_{10}{}^T=(3,2,4,1,0,0,0,1,0,0) \qquad \underline{M}_{11}{}^T=(3,2,4,0,1,0,0,1,0,0)$$
$$\underline{M}_{12}{}^T=(3,2,4,0,0,1,0,1,0,0) \qquad \underline{M}_{13}{}^T=(0,2,4,1,0,1,0,0,0,0)$$
$$\underline{M}_{14}{}^T=(0,2,4,0,1,1,0,0,0,0) \qquad \underline{M}_{15}{}^T=(3,0,3,0,0,1,1,1,0,0)$$
$$\underline{M}_{16}{}^T=(0,0,3,1,0,1,1,0,0,0) \qquad \underline{M}_{17}{}^T=(0,0,3,0,0,2,0,1,0,0)$$
$$\underline{M}_{18}{}^T=(0,0,3,0,1,1,1,0,0,0) \qquad \underline{M}_{19}{}^T=(0,0,3,1,0,1,0,1,0,0)$$
$$\underline{M}_{20}{}^T=(0,0,3,0,0,2,1,0,0,0) \qquad \underline{M}_{21}{}^T=(0,0,3,0,1,1,0,1,0,0)$$
$$\underline{M}_{22}{}^T=(0,2,4,0,0,2,0,0,0,0)$$

Es zeigt sich, daß keine der gesuchten Zielmarkierungen $\underline{M}_Z$ im Erreichbarkeitsgraphen enthalten ist, weil dieser keine Markierung $\underline{M}$ mit $M(s_{10})\geqslant 1$ enthält. Also ist das o.a. Entscheidungsproblem in dem Sinne gelöst, daß keine Markierung $\underline{M}_Z \in R(\underline{M}_0)$ mit den oben spezifizierten Eigenschaften existiert.

Alle möglichen Produktionsprozeß-Varianten enden im Zustand der Markierung $\underline{M}_{17}$. Sie drückt aus, daß sich vom Vorprodukt VP_6 noch drei Einheiten im Eingangslager befinden sowie von den Zwischenprodukten ZP_2 und ZP_3 in den zugehörigen Zwischenlägern zwei Einheiten bzw. eine Einheit liegen. Vom Endprodukt EP_1 konnte keine Einheit hergestellt werden[371].

---

371) Der Grund für diesen Sachverhalt liegt in dem unzureichenden Lagerbestand für das Vorprodukt VP_4 im Ausgangszustand. Denn aus dem Gozinto-Graphen der Abb. 4 (S. 113) läßt sich ableiten, daß zur Fertigung einer Einheit des Endprodukts vom Vorprodukt VP_4 7 Einheiten (sowie von den ausreichend vorhandenen Vorprodukten VP_5 und VP_6 jeweils 6 bzw. 3 Einheiten) eingesetzt werden müssen. Von allen Vorprodukten sind zu Produktionsbeginn aber jeweils nur 6 Einheiten vorhanden.

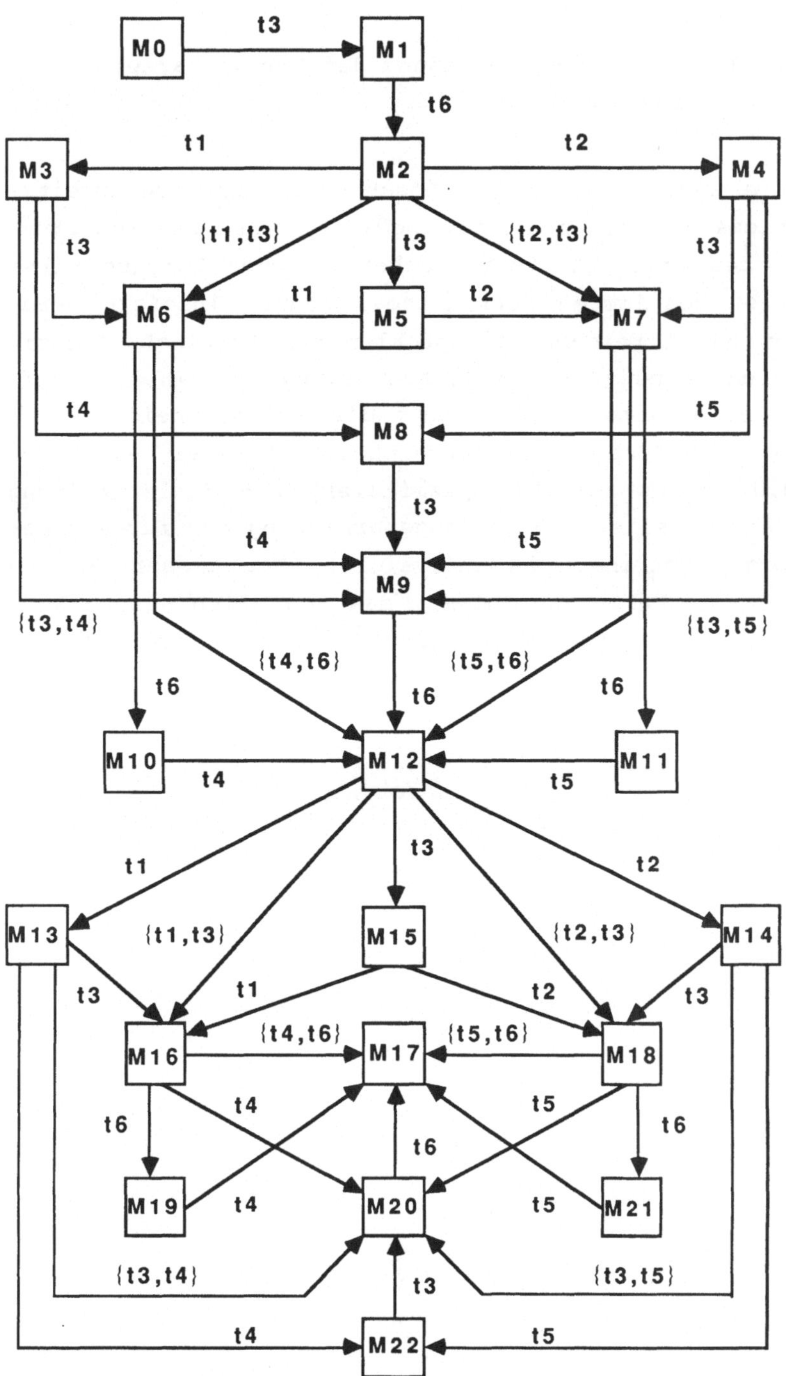

Abb. 6: Erreichbarkeitsgraph für das Petrinetz aus der Abb. 5 (S. 114)

3.2.1.3 Die allgemeine Lösung des Erreichbarkeits- problems

Die zuvor skizzierte "Lösung" des Erreichbarkeits-problems ist nicht allgemeingültig, weil die Konstruk-tion des Erreichbarkeitsgraphen auf der Vorgabe eines konkret bestimmten Petrinetzes beruht. Insofern wurde nicht das Erreichbarkeitsproblem der Petrinetz-Theorie an sich, sondern nur eine Ausprägung desselben gelöst. Eine allgemeingültige Lösung dieses Entscheidungspro-blems erfordert es, die Erreichbarkeit einer beliebigen - d.h. nicht konkret spezifizierten - Zielmarkierung von einer beliebigen Ausgangsmarkierung aus für ein be-liebiges Petrinetz zu analysieren. Von dieser Fassung des Erreichbarkeitsproblems, das von allen seinen kon-kreten Ausprägungen abstrahiert[372], wird fortan ausge-gangen.

---

372) Vgl. hierzu auch die entsprechenden Anmerkungen auf S. 11.

Das Erreichbarkeitsproblem der Petrinetz-Theorie[373] blieb für lange Zeit ungelöst[374]. Weder seine Entscheidbarkeit noch seine Unentscheidbarkeit waren bekannt. Zwar konnte die Entscheidbarkeit des Erreichbarkeitsproblems für die Spezialfälle von Petrinetzen mit höchstens 3 Stellen (van Leeuwen[375]) und später mit maximal 5 Stellen (Hopcroft und Pansiot[376]) nachgewiesen werden. Doch blieben diese Ansätze für das allgemeine Erreichbarkeitsproblem unfruchtbar, weil sie die Semilinearität der untersuchten Erreichbarkeitsmengen voraussetzten. Die Erreichbarkeitsmengen für Petrinetze

---

373) Die meisten Ansätze, das Erreichbarkeitsproblem der Petrinetz-Theorie zu lösen, beziehen sich nicht unmittelbar auf Petrinetze, sondern auf die – mathematisch durch algebraische Kalküle einfacher zu handhabenden – Vektor-Additions-Systeme; vgl. exemplarisch Sacerdote (1977), S. 61ff. Hierbei wird auf den Sachverhalt zurückgegriffen, daß sich Petrinetze in äquivalenter Weise als Vektor-Additions-Systeme formulieren lassen; vgl. etwa Howell (1987a), S. 360. Dies gilt zumindest für die Basisvariante der Stelle/Transition-Netze, sofern aus diesen sogenannte "1-Schleifen" (das sind Konstrukte, in denen eine Transition dieselbe Stelle sowohl in ihrem Vor- als auch in ihrem Nachbereich besitzt) ausgeschlossen werden. Vgl. zur Darstellung von Vektor-Additions-Systemen z.B. Grabowski (1980), S. 208f. Auf diese beweistechnische Besonderheit wird nachfolgend wegen der Äquivalenz von Petrinetzen und Vektor-Additions-Systemen nicht mehr explizit eingegangen.

374) Vgl. zu dieser – lange Zeit den aktuellen Erkenntnisstand der Komplexitätstheorie richtig wiedergebenden – Ansicht: van Leeuwen (1974), S. 303; Hack (1975), S. 72; Cardoza (1976), S. 50; Crespi-Reghizzi (1976), S. 130 u. 137; Hack (1976), S. 77; Jones (1977), S. 297; Grabowski (1979), S. 341.

375) Vgl. van Leeuwen (1974), S. 307f.; vgl. auch Keramidis (1979), S. 134ff.

376) Vgl. Hopcroft (1979), S. 158 i.V.m. S. 140ff.

mit mindestens 6 Stellen können dagegen auch nicht-se-
milinear sein [377].

Das eng verwandte (Inklusions-)Problem, ob die Erreichbarkeitsmenge eines Petrinetzes in derjenigen
eines anderen Petrinetzes mit derselben Stellen-Anzahl
(aber nicht notwendig mit derselben Ausgangsmarkierung)
enthalten ist, wurde schon in der zweiten Hälfte der
sechziger Jahre[378] von Rabin als unentscheidbar nachgewiesen[379]. Der Beweis kann auf die o.a.[380], von Matijasevic aufgezeigte Unentscheidbarkeit des 10. Problems von Hilbert zurückgeführt werden[381]. Entsprechend wurde vermutet, auch das Erreichbarkeitsproblem
sei im allgemeinen Fall unentscheidbar[382].

------

377) Vgl. Baker (1973), S. 6 u. 14; Hack (1975), S. 94;
     Hopcroft (1979), S. 135f. u. 145ff.; Mayr (1980),
     S. 2; Müller (1980b), S. 426; Grabowski (1980), S.
     4; Mayr (1981), S. 238; Mayr (1984), S. 442; Mül-
     ler (1985a), S. 379f.; Lambert (1987), S. 451f.

378) Das Jahr 1967 wird von Hack (1973), S. 1, ange-
     führt, während Sacerdote (1977), S. 61, das Jahr
     1969 nennt.

379) Rabin selbst publizierte seine Beweisführung nicht
     in schriftlicher Form; vgl. Hack (1973), S. 1;
     Sacerdote (1977), S. 61. Aber der Unentscheidbar-
     keits-Beweis kann entnommen werden: Baker (1973),
     S. 14ff.; Hack (1973), S. 1ff.; Hack (1975), S.
     118ff. i.V.m. S. 96f. u. 114ff.; Hack (1976), S.
     87ff. Vgl. auch Hack (1975), S. 121; Hack (1976),
     S. 77 u. 91; Araki (1976), S. 20; Mayr (1977), S.
     5; Peterson (1977), S. 242; Peterson (1981), S.
     133; Howell (1987a), S. 360; Howell (1987b), S.
     46; Lambert (1987), S. 452.

380) Vgl. S. 17.

381) Vgl. Hack (1973), S. 1ff.; Baker (1973), S. 14ff.;
     Hack (1975), S. 118ff. i.V.m. S. 96f. u. 114ff.;
     Hack (1976), S. 87ff.; Peterson (1981), S. 133.
     Vgl. auch Araki (1976), S. 22ff., und Peterson
     (1981), S. 133ff., in bezug auf das strengere Pro-
     blem der Gleichheit der betroffenen Erreichbar-
     keitsmengen.
     Bereits Rabin griff im Jahr 1972 auf das Unent-
     scheidbarkeits-Resultat von Matijasevic zurück,
     als er eine Vereinfachung seines Beweises der Un-
     entscheidbarkeit des Inklusionsproblems mündlich
     vortrug; vgl. Hack (1973), S. 1.

382) Vgl. Byrn (1974), S. 2/61.

Seit Mitte der siebziger Jahre kam dagegen vermehrt der Verdacht auf, das Erreichbarkeitsproblem könne doch entscheidbar sein[383]. Es wurden für den Fall, daß sich diese Vermutung als richtig herausstellen sollte, untere Schranken für die Komplexität der Algorithmen zur Lösung des Erreichbarkeitsproblems aufgestellt. Sie zeigten, daß ein solcher Lösungsalgorithmus sehr aufwendig ausfallen müßte, weil die unteren Schranken mit der Petrinetz-Größe exponentiell anwüchsen[384].

Ein aufsehenerregendes Ereignis war im Jahr 1977 die Arbeit von Sacerdote und Tenney, in der - angeblich - der Beweis für die Entscheidbarkeit des Erreichbarkeitsproblems erbracht wurde[385]. Nach der anfangs breiten Anerkennung für die Leistung, dieses zentrale Problem der Graphen- und Komplexitätstheorie endlich gelöst zu haben[386], äußerten sich zunehmend Stimmen, welche die Korrektheit der Beweisführung anzweifelten[387]. Eine angekündigte Beweisverbesserung steht bis heute noch aus[388].

---

383) Vgl. Hack (1975), S. 172; Hopcroft (1979), S. 135; Peterson (1981), S. 146.

384) Vgl. Hack (1975), S. 170f.; Peterson (1977), S. 242f.; Jones (1977), S. 293; Peterson (1981), S. 146 u. 148.

385) Vgl. Sacerdote (1977), S. 62ff.

386) Vgl. Peterson (1977), S. 242 u. 247; Araki (1977b), S. 111; Murata (1977), S. 413; Hughes (1978), S. 201; Peterson (1978), S. 147f.

387) Vgl. Hopcroft (1979), S. 135 u. 138; Mayr (1980), S. 2f.; Müller (1980), S. 426; Heinemann (1980), S. 93; Peterson (1981), S. 146 u. 274; Mayr (1981), S. 238; Müller (1982), S. 4; Müller (1983a), S. 174; Müller (1983b), S. 4; Mayr (1984), S. 442; Müller (1985a), S. 377; Niehuis (1986), S. 27; Lambert (1987), S. 452.

388) Vgl. Peterson (1981), S. 274; Niehuis (1986), S. 27.

Im Jahr 1980 stellte Mayr einen neuen Beweis für die Entscheidbarkeit des Erreichbarkeitsproblems vor[389]. Nach den enttäuschenden Erfahrungen mit dem Beweisversuch von Sacerdote und Tenney blieb die Reaktion auf diesen neuen Beweisansatz zunächst zurückhaltend[390]. Die Ausführungen von Mayr wurden als derart kompliziert eingeschätzt, daß ihre Stringenz auch in der Folgezeit keine Anerkennung fand[391], obwohl weder Beweislücken noch -fehler aufgezeigt werden konnten[392].

Den entscheidenden Beitrag zur - allseits akzeptierten - Lösung des Erreichbarkeitsproblems lieferte Kosaraju im Jahr 1982. Sein Beweis der Entscheidbarkeit dieses Problems[393] wies zwar noch eine Argumentationslücke auf[394]. Diese konnte aber alsbald von Müller geschlossen werden[395], ohne daß hierdurch die grundlegende - und nun auch als transparent anerkannte[396] - Beweisstruktur von Kosaraju hätte modifiziert werden

---

389) Vgl. Mayr (1980), S. 51 i.V.m. S. 39ff.; Mayr (1981), S. 245 i.V.m. S. 243f.; Mayr (1984), S. 454 i.V.m. S. 452ff. u. 454ff.

390) Heinemann (1980), S. 93, z.B. äußert in bezug auf den Beweis von Mayr, es könne "... mit einer gewissen Berechtigung angenommen werden ..., daß er korrekt ist".

391) Vgl. Müller (1982), S. 4; Müller (1983a), S. 174; Müller (1983b), S. 4; Müller (1985a), S. 377; Lambert (1987), S. 451.

392) Vgl. Müller (1983c).

393) Vgl. Kosaraju (1982), S. 281 i.V.m. S. 270ff.; Müller (1983a), S. 177ff.; Müller (1985a), S. 382ff. u. 388ff.

394) Vgl. Müller (1983a), S. 179ff.; Müller (1983b), S. 4; Müller (1985a), S. 378 u. 385f.

395) Vgl. zu den Verbesserungsvorschlägen, die zu einer vervollständigten, nunmehr korrekten Beweisversion führten, Müller (1982), S. 5ff.; Müller (1983a), S. 180ff.; Müller (1985a), S. 386f.; vgl. auch die Anmerkung bei Lambert (1987), S. 451.

396) Vgl. Müller (1982), S. 5.

müssen[397]. Im Jahr 1987 hat Lambert eine vereinfachte und übersichtlicher strukturierte Version dieses Beweises vorgestellt[398].

Die o.a. Vermutung, daß Lösungsalgorithmen für das Erreichbarkeitsproblem äußerst komplex ausfallen müßten, falls sie überhaupt existieren, konnte durch den konstruktiven Beweis von Kosaraju verifiziert werden. Sein Entscheidungsalgorithmus besitzt eine Zeitkomplexität, die durch keine primitiv-rekursive Funktion beschränkt werden kann. Da die Klasse der primitiv-rekursiven Funktionen auch alle exponentiellen Funktionen umfaßt, ist der Algorithmus zur Lösung des Erreichbarkeitsproblems noch nicht einmal exponentiell beschränkt.

Die Komplexität dieses Algorithmus ist mindestens so groß wie die der nicht-primitiv-rekursiven, bereits an früherer Stelle[399] beschriebenen Ackermann-Funktion[400]. Dieses Komplexitäts-Resultat ändert sich auch dann nicht, wenn die von Müller vorgeschlagene Verein-

---

397) Vgl. Müller (1983b), S. 4, Müller (1983c). Es mußte lediglich in einem Lemma zusätzlich der starke Netzzusammenhang gefordert werden, der aber für Petrinetze ohnehin immer erfüllt ist.

398) Vgl. Lambert (1987), S. 451ff., insbesondere S. 457ff., der die Beweisidee von Kosaraju mit Grundlagen kombiniert, die bereits im "Beweis" von Mayr enthalten waren.

399) Vgl. S. 35. Vgl. zur Ackermann-Funktion auch Kleene (1952), S. 271f.; Hermes (1961), S. 83ff.; Stegmüller (1973), S. 45; Cardoza (1976), S. 53.

400) Vgl. Müller (1983c); Müller (1985a), S. 387; Müller (1985b), S. 245.
Die - hier allerdings nur zweistellig definierte - Ackermann-Funktion f_{Ack} nimmt als untere Komplexitätsschranke mit n als Maß der Problemlänge die Gestalt $f_{Ack}(n,a)$ mit a=2 an.

fachung[401] des Lösungsalgorithmus von Kosaraju vorgenommen wird[402].

Die fehlende exponentielle Beschränktheit des Erreichbarkeitsproblems ist insofern erstaunlich, als für alle bisher intensiv analysierten, NP-vollständigen Probleme des Operations Research exponentiell beschränkte Lösungsalgorithmen formuliert werden konnten[403]. Darüber hinaus müssen für alle NP-vollständigen Probleme grundsätzlich exponentiell beschränkte Algorithmen existieren - auch wenn die Algorithmen u.U. noch nicht bekannt sind -, weil sich alle Probleme aus der Klasse NP exponentiell beschränkt lösen lassen[404]. Daher liegt das Erreichbarkeitsproblem der Petrinetz-

---

401) Vgl. Müller (1983a), S. 182f., und Müller (1985a), S. 387. Durch diese Modifizierung von Müller läßt sich der Teil-Algorithmus von Kosaraju zur Konstruktion eines Überdeckungsgraphen von nicht-primitiv-rekursiver auf exponentiell beschränkte Raumkomplexität vereinfachen. Überdeckungs- stellen eine Verallgemeinerung von Erreichbarkeitsgraphen in der Hinsicht dar, daß sich auch Stellen erfassen lassen, deren Markierungen jede obere Schranke zu übersteigen vermögen. Da im Beispiel des Abschnitts 3.2.1.2 für alle Stellen endliche Marken-Kapazitäten vorausgesetzt wurden (vgl. S. 115), brauchten solche - potentiell unendlich markierten - Stellen nicht berücksichtigt zu werden.

402) Vgl. Müller (1983c).

403) Die fehlende exponentielle Beschränktheit scheint typisch für - "hinreichend anspruchsvolle" - Probleme der Petrinetz-Theorie zu sein. So befaßt sich z.B. Jantzen (1983), S. 24f., mit einem Problem, das mit dem Erreichbarkeitsproblem zwar nicht identisch, aber dennoch eng verwandt ist. Es handelt sich um die Berechnung der Funktion "busy" (in Anlehnung an das Problem des "fleißigen Bibers"; vgl. S. 89ff.), welche die maximale Anzahl von Marken angibt, die unter einer erreichbaren Markierung alle Stellen eines Petrinetzes zu belegen vermag. Auch dieses Berechnungsproblem besitzt mindestens die Zeitkomplexität wie die Berechnung der o.a. Ackermann-Funktion und ist infolgedessen wie das Erreichbarkeitsproblem nicht primitiv-rekursiv beschränkt. Vgl. hierzu auch Niehuis (1986), S. 28.

404) Vgl. S. 60.

Theorie mit Sicherheit außerhalb der Klasse NP, ist also notwendig komplexer als alle NP-vollständigen OR-Probleme.

Darüber hinaus besitzt das Erreichbarkeitsproblem mindestens[405] exponentiell beschränkte Raumkomplexität[406]. Auch aus diesem Grund ist es komplexer als alle NP-vollständigen Probleme, die höchstens polynomial beschränkte Raumkomplexität aufweisen[407].

Somit stellt sich die Lösung des Erreichbarkeitsproblems - sowohl aus der Sicht seiner Zeit- als auch aus der Perspektive seiner Raumkomplexität - als ein äußerst schwieriges Unterfangen heraus. Der Lösungsalgo-

---

405) Peterson (1981), S. 146 u. 148, stellt klar heraus, daß der tatsächlich von einem Turing-Automaten benötigte Speicherplatz (die Raumkomplexität) auch noch schneller als exponentiell beschränkt mit dem Problemumfang wachsen könnte. Jones (1977), S. 293, äußert die Vermutung, daß die Raumkomplexität nicht exponentiell beschränkt werden könne, falls sich das Erreichbarkeitsproblem als entscheidbar herausstelle. Der von Mayr vorgestellte Beweisansatz basiert auf einem Algorithmus, dessen Raumkomplexität nicht mehr durch eine primitiv-rekursive Funktion beschrieben werden kann; vgl. Mayr (1980), S. 53f. Folglich läßt sich der Speicherplatzbedarf dieses Algorithmus erst recht nicht exponentiell beschränken. Da dieser Beweisansatz das Erreichbarkeitsproblem nicht endgültig zu lösen vermochte, ist die o.a. Vermutung nicht-exponentiell beschränkter Raumkomplexität jedoch noch nicht widerlegt.

406) Vgl. Hack (1975), S. 171; Lipton (1976); Cardoza (1976), S. 50; Lenstra (1979), S. 125; Jantzen (1980), S. 187; Mayr (1980), S. 53; Peterson (1981), S. 146ff.; Müller (1985a), S. 377; Howell (1987b), S. 47.
Vgl. zum Konzept der exponentiell beschränkten Raumkomplexität Cardoza (1976), S. 52; Garey (1979), S. 170ff.

407) Vgl. die Erläuterungen auf S. 91ff. zur Klasse PSPACE.

rithmus aus dem Beweis von Kosaraju (und Müller) erweist sich wesentlicher komplexer als die Algorithmen zur Lösung NP-vollständiger Probleme, die bislang oftmals als die komplexesten Problemstellungen des Operations Research betrachtet wurden[408]. Der Nachweis der Entscheidbarkeit des Erreichbarkeitsproblems der Petrinetz-Theorie läßt - wie bereits oben konstatiert - das Bedürfnis deutlich hervortreten, die Komplexitätstheorie bei der Analyse "sehr schwieriger" Probleme über die Klasse der NP-vollständigen Probleme hinaus fortzuentwickeln.

---

408) Vgl. hierzu die Ausführungen auf S. 98ff.

3.2.2 Das Problem der linearen Optimierung

Das Standardproblem der linearen Optimierung (Programmierung) besteht in der Extremierung einer n-stelligen linearen Zielfunktion $z:\underline{x} \to z(\underline{x})$ mit $n \in N$ unter der Nebenbedingung, daß der Vektor $\underline{x}$ der Argument-Variablen ein endliches System aus m linearen Restriktionen erfüllt. Dieses Problem läßt sich durch folgendes lineares Programm-Schema modellieren[409]:

Zielfunktion: $z(\underline{x}) \to$ ext!

mit: $ext! \in \{min!, max!\}$ 410)

$\underline{x} = (x_1, \ldots, x_n) \in R^n$ 411)

Restriktionssystem: $r_1(\underline{x}) \equiv b_1, \ldots, r_m(\underline{x}) \equiv b_m$

mit: $\equiv \in \{\leqslant, =, \geqslant\}$

$\underline{b} = (b_1, \ldots, b_m) \in R^m$

Zumeist wird diese allgemeine Formulierung durch die Auswahl eines bestimmten Extremierungs- und eines bestimmten Vergleichsoperators konkretisiert, z.B. - bei impliziter Annahme reellzahliger Werte von Variablen (x_i) und Konstanten $(z_i, r_{i.j}, b_j)$ - in der Form:

---

409) Aus diesem Schema geht ein lineares Programm durch Konkretisierung der Funktionsvorschriften $z(\underline{x})$, $r_1(\underline{x}), \ldots, r_m(\underline{x})$, Auswahl der Extremierungs- sowie Vergleichsoperatoren "ext!" bzw. "$\equiv$" und Wertzuweisung für die Konstanten $b_1, \ldots, b_m$ hervor. Der Einfachheit halber wird fortan nur noch von linearen Programmen gesprochen, die Schema-Konkretisierung also jeweils implizit vorausgesetzt.

410) "min!" und "max!" symbolisieren die beiden zulässigen Extremierungs-Operatoren der Minimierung bzw. Maximierung der Zielfunktion.

411) R bezeichnet die Menge der reellen Zahlen.

Zielfunktion:

$$\sum_{i=1}^{n} z_i \cdot x_i \rightarrow \min!$$

Restriktionssystem:

$$\sum_{i=1}^{n} r_{i.j} \cdot x_i \leqslant b_j \quad \text{für} \quad j \in \{1,\ldots,q\} \quad [412]$$

$$x_i \geqslant 0 \quad \text{für} \quad i \in \{1,\ldots,n\}$$

Am Beispiel solcher linearen Optimierungsprobleme, die im Rahmen des Operations Research zur Abbildung und Lösung von Realproblemen breite Anwendung finden, läßt sich die Tragweite der Unterscheidung zwischen worst und average case-Analysen verdeutlichen. Hierbei wird nur die Zeitkomplexität der Lösungsalgorithmen für lineare Programme betrachtet.

Zur Lösung von linearen Programmen werden seit langem verschiedene Varianten des Simplex-Algorithmus eingesetzt. Obwohl "pathologische" Fälle bekannt sind, in denen er zu extrem hohem Lösungsaufwand führt[413], hat sich dieser Algorithmus dennoch praktisch durchgesetzt[414]. Sein durchschnittlicher Lösungsaufwand wird von den Algorithmusanwendern als akzeptabel empfunden. Der Simplex-Algorithmus gilt als "praktisch" effizient[415].

---

412) Hierbei ist - in bezug auf die o.a. allgemeine Formulierung - q=m-n, da die n Nichtnegativitäts-Restriktionen für die Variablen x_i hinzukommen.

413) Vgl. Smale (1983), S. 530f.; Fricker (1985), S. 32; Hooker (1986), S. 76. Vgl. hierzu den Verweis auf S. 131f. bezüglich der von Klee und Minty konstruierten unendlich großen Menge von Problemausprägungen, deren Lösungsaufwand mit dem Problem-(ausprägungs)umfang exponentiell beschränkt anwächst. Wenn einfache Varianten des Simplex-Algorithmus benutzt werden, kann es sogar zu einer Entartung kommen, bei welcher sich der Algorithmus in einer Endlosschleife verfängt; vgl. Dantzig (1966), S. 262ff.

414) Vgl. Karp (1975a), S. 24.

415) Vgl. Karp (1975a), S. 24; Karp (1975b), S. 65; Johnson (1981), S. 400; Lenstra (1982), S. 204; Smale (1983), S. 530; Borgwardt (1985), S. 650.

Komplexitätstheoretische average case-Analysen legen den Erwartungswert für den Lösungsaufwand dieses Algorithmus auf ein Polynomial niedriger Ordnung fest[416]. Die Durchschnitts-Komplexität von linearen Optimierungsproblemen mit n Variablen und m Restriktionen wird in der Regel durch die Polynomiale $P(m,n)=m(\log n)$[417], $P(m,n)=m(\log(2+n/m))$[418] oder $P(m)=a\cdot m$ – mit einer Konstanten a, deren Wert zwischen 2 und 3 liegt[419], – geschätzt. Borgwardt[420] hat in einem komplexen (probabilistisch-)analytischen Ansatz sogar streng nachgewiesen, daß die durchschnittliche Komplexität (einer Variante) des Simplex-Algorithmus durch das Polynomial $P(m,n)=mn^2(n+1)^2$ gegeben ist[421].

Im Gegensatz hierzu haben worst case-Analysen zu dem Ergebnis geführt, daß der Simplex-Algorithmus "theoretisch" ineffizient ist[422], weil sein Lösungsaufwand für den schlechtest möglichen Fall nicht polynomial,

---

416) Vgl. Johnson (1981), S. 400; Schrader (1982), S. 267; Lenstra (1982), S. 206; Parker (1982a), S. 7; Schrader (1983), S. 3.

417) Vgl. Schrader (1982), S. 267; Schrader (1983), 2; Pan (1986), S. 134.

418) Vgl. Dantzig (1979), S. 1.

419) Vgl. Dantzig (1966), S. 185; Klee (1972), S. 174f.; Dantzig (1979), S. 1.

420) Vgl. Borgwardt (1982), S. 176 i.V.m. S. 160 (Prämissen des probabilistischen Modells) u. 161ff. Bei Borgwardt (1985), S. 656ff., finden sich differenzierte Ergebnisse für unterschiedliche Prämissen hinsichtlich der Wahrscheinlichkeitsverteilungen.

421) Eine ähnliche analytische average case-Analyse stellt Smale (1983), S. 531ff., vor. Sein Komplexitätsresultat (S. 532) ist jedoch weniger anschaulich, weil es sich nicht auf die Parameter n und m als explizite unabhängige Variablen des Problemumfangs beschränkt und die Restriktionen-Anzahl m konstant hält. Vgl. zu weiteren average case-Analysen die annotierte Bibliographie bei Karp (1985), S. 77ff.; vgl. auch Karp (1986), S. 108.

422) Vgl. Karp (1975a), S. 24.

sondern nur exponentiell[423] beschränkt werden kann. Er ist bei n Variablen und m=2n Restriktionen des zu lösenden linearen Optimierungsproblems von der Größenordnung $O(n)=2^{n-1}$, wie für die Variante der "approximate steepest ascent"-Pivotierungsregel[424] zuerst von Klee und Minty nachgewiesen wurde[425]. Dieses exponentiell beschränkte Anwachsen des Lösungsaufwands gilt nicht nur für eine kleine, endliche Zahl von "pathologischen" Problemausprägungen, sondern konnte für eine unendlich große Menge ähnlicher Ausprägungen festgestellt werden.

---

423) Vgl. Bachem (1980), S. 833; Schönlein (1981), S. 116f.; Johnson (1981), S. 400; Lenstra (1982), S. 204; Derigs (1986), S. 49.

424) Spätere Untersuchungen auf der Basis von alternativen Pivotierungsregeln führten zum gleichen Ergebnis einer nur exponentiell beschränkten Komplexität; vgl. Goldfarb (1979), S. 278 u. 284 i.V.m. S. 278ff., mit dem gleichen Ergebnis (s.o.) für die "steepest edge"-Pivotierungsregel, Bland (1981), S. 1081; Schrader (1982), S. 267; Schrader (1983), S. 2.

425) Vgl. Klee (1972), S. 174 i.V.m. S. 161ff.; Bland (1981), S. 1081; Schrader (1982), S. 267; Weber (1982), S. B/229; Schrader (1983), S. 2; Borgwardt (1985), S. 650; Pan (1986), S. 134. Mitunter wird hier auch der - um den Subtrahenden 1 - reduzierte Term 2^n angeführt.
Borgwardt (1985), S. 650, führt zusätzlich eine präzisere Bestimmung der Komplexität des Simplex-Algorithmus an, die aber auch polynomial beschränkt bleibt (für beliebige Parameter m und n; die Restriktion m=2n braucht nicht mehr erfüllt zu werden). Vgl. auch die dort angegebenen weiterführenden Quellen.

Der praktisch akzeptable Ressourceneinsatz für den Simplex-Algorithmus trotz seiner theoretischen Ineffizienz hat lange Zeit Irritationen ausgelöst[426]. Es besteht anscheinend das Bedürfnis, Probleme, für die durchschnittlich effiziente Lösungsalgorithmen bekannt sind, auch in den schlechtest möglichen Fällen polynomial beschränkt bewältigen zu können.

Tatsächlich gelang es seit Mitte der siebziger Jahre, mehrere Algorithmen für die Lösung von linearen Programmen zu konstruieren, die sich auch bei worst case-Analysen als effizient herausstellen. Zu den bekanntesten[427] dieser polynomial beschränkten[428] Algo-

---

426) Vgl. etwa die Äußerung von Schönlein (1981), S. 117: "Für das Phänomen des nahezu polynomialen 'worst case behaviour' in der Praxis gibt es bis heute keine Erklärung." Derigs (1986), S. 48, spricht von dem "Widerspruch 'praktische Effizienz contra theoretische Ineffizienz'", der die wesentlichen Arbeiten zum Problem der linearen Programmierung in den vergangenen Jahren beherrscht habe. Den gleichen Widerspruch führt auch Schönlein (1986), S. 344, an. Vgl. ebenso Parker (1982a), S. 7; Hooker (1986), S. 76f.

427) Ein weiterer polynomial beschränkter Algorithmus, der sich von den nachfolgend angeführten deutlich unterscheidet, wird von Tardos (1986), S. 251ff., beschrieben.

428) Vgl. - in bezug auf den Khachiyan-Algorithmus - Khachiyan (1979), S. 191 u. 194; Bland (1981), S. 1046; Schönlein (1981), S. 116 u. 120.

rithmen zählen die Lösungsmethoden von Khachiyan[429] und Karmarkar[430].

Die polynomialen Terme nehmen zwar infolge der binären Codierung der Koeffizienten (Konstanten) eines linearen Programms eine etwas unübersichtliche Form an. Doch läßt sich ihre komplexitätstheoretisch wesentliche Aussage dadurch herausstellen, daß von der Koeffizientencodierung (und von technischen Ganzzahligkeitsaspek-

---

429) Vgl. Khachiyan (1979), S. 191ff.; Padberg (1980), S. 3ff.; Bachem (1980), S. 833ff.; Bland (1981), S. 1044ff.; Grötschel (1981), S. 172ff.; Gacs (1981), S. 62ff.; Schönlein (1981), S. 117ff.; Schrader (1982), S. 274ff.; Weber (1982), S. B/230ff.; Schrader (1983), S. 4ff.
Grötschel (1981), S. 170 u. 177ff., und Schrader (1983), S. 10 u. 12, heben die Bedeutung des Khachiyan-Algorithmus für die Komplexitätstheorie hervor, die über den Nachweis der polynomial beschränkten Komplexität des Problems der linearen Optimierung weit hinausreicht. Diese Bedeutung erstreckt sich vor allem auf die Funktion, den Weg für die Suche nach polynomial beschränkten Lösungsalgorithmen für kombinatorische (ganzzahlige) Probleme zu bereiten.

430) Vgl. Karmarkar (1984), S. 377ff.; Schönlein (1986), S. 344ff.; Derigs (1986), S. 51ff.; Hooker (1986), S. 77ff. Eine Fortentwicklung von Karmarkar's Algorithmus, die auf Multiprozessor-Automaten parallel ausgeführt werden kann, stellen Pan und Reif in Pan (1986), S. 132ff., vor.

ten) abstrahiert wird, indem nur noch der Umfang $L^{431)}$ eines bereits codiert vorliegenden Problems Beachtung findet. Diese Vorgehensweise auf der Basis des codierten Problemumfangs L kann zwar in Zweifel gezogen werden[432], wird aber hier als komplexitätstheoretischer Standardansatz vorausgesetzt.

---

431) Vgl. zur Codierung der Problembeschreibung und zum hieraus abgeleiteten Problemumfang L Khachiyan (1979), S. 191; Padberg (1980), S. 1; Bland (1981), S. 1047 u. 1079; Weber (1982), S. B/231; Karmarkar (1984), S. 377 u. 393; Derigs (1986), S. 50.
Die dort ausgewiesenen Terme für den Problemumfang differieren leicht - je nach den zugrundegelegten Codierungsprämissen -, so daß die resultierenden Komplexitätsmaße für die Algorithmen entsprechend variieren. Von diesen codierungsbedingten, für die Einordnung in Komplexitätsklassen irrelevanten Nuancen wird fortan abgesehen.
Eine Vorstellung von der Größenordnung des Terms L vermittelt Dantzig (1979), S. 2: Bei einem Problem mit n Variablen, m Restriktionen, einer Spannweite der Koeffizientenwerte von 100.000 und einer Genauigkeit der numerischen Darstellung von 5 signifikanten Dezimalstellen gilt L=30mn. Abweichender Ansicht ist Karmarkar (1984), S. 393, der L in praktischen Anwendungsfällen für deutlich kleiner als n hält.

432) Vgl. hierzu die subtile, von L abhängige Unterscheidung zwischen reell- und ganzzahligen Berechnungskonzepten bei Traub (1982), S. 60ff. Dort wird aufgezeigt, daß der Problemumfang L nur für das ganzzahlige Standard-Berechnungskonzept der Komplexitätstheorie Relevanz besitzt. Der Aufwand für die Ausführung einer Berechnungsoperation ist hier proportional zum Umfang der Operanden. Für das reellzahlige Alternativkonzept, in dem der Ausführungsaufwand konstant, also gegenüber der Operandenlänge invariant ist, spielt dagegen der Problemumfang keine Rolle mehr. Diese Differenzierung führt zu der wesentlichen Konsequenz, daß der Khachiyan-Algorithmus im reellzahligen alternativen Berechnungskonzept nicht mehr polynomial beschränkt, darüber hinaus sogar unbeschränkt ist; vgl. Traub (1982), S. 61f.; Schrader (1983), S. 7. Johnson (1981), S. 399, hält die Komplexität des Problems der linearen Optimierung im reellzahligen Berechnungskonzept für noch unbekannt. Dieses Konzept wird z.B. von Smale (1983), S. 530, und Tardos (1986), S. 250, auf komplexitätstheoretische Analysen angewendet.

Für ein lineares Programm mit n Variablen und m Restriktionen ergibt sich dann als Komplexität[433] des Khachiyan-Algorithmus das Polynomial $P(L,m,n)=L(m+n^2)n^3$ oder - bei variierender Algorithmuskonstruktion - ein ähnliches, im wesentlichen von L linear und von n quadratisch abhängendes Polynomial[434].

Das entsprechende Polynomial für den Karmarkar-Algorithmus lautet $P(L,n)=L^2(logL)(log(logL))n^{3,5}$ [435] oder - bei leicht abweichender Komplexitätsermittlung[436] - $P(L,m,n)=L^2m^2n^{1,5}$ [437]. Somit ist der Karmarkar-Algo-

---

433) Vgl. Khachiyan (1979), S. 191.

434) Vgl. Dantzig (1979), S. 2; Padberg (1980), S. 1; Bland (1981), S. 1048; Schrader (1982), S. 277; Schrader (1983), S. 6. Diese Autoren berücksichtigen (zunächst) nur die unabhängigen Variablen n und L (nicht aber m), gelangen diesbezüglich jedoch zum qualitativ gleichwertigen Ergebnis einer polynomial beschränkten Komplexität. Dantzig gibt z.B. das Polynomial $P(L,n)=4L(n+1)^2$, gerundet auf $4Ln^2$, an, während Padberg $P(L,n)=16Ln^2$ nennt. Bei Schrader (1982) findet sich dagegen das Polynomial $P(L,n)=L6n(n+1)$. Nach Schrader (1982), S. 288 u. 296, besitzen auch alle nachträglichen Modifizierungen des Khachiyan-Algorithmus (welche auf S. 279ff. vorgestellt werden) die charakteristische, polynomial beschränkte Komplexität der Größenordnung $O(Ln^2)$.
Karmarkar (1984), S. 377, und Hooker (1986), S. 84, konstatieren dagegen auch eine quadratische Abhängigkeit vom Problemumfang, indem sie als Komplexität des Khachiyan-Algorithmus die Polynomiale $P(L,n)=L^2(logL)(log(logL))n^6$ bzw. $P(L,n)=L^2n^6$ ausweisen.

435) Vgl. Karmarkar (1984), S. 376. Hooker (1986), S. 84 u. 87ff., beschränkt seine Angabe $P(L,n)=L^2n^{3,5}$ auf die nicht-logarithmischen Terme. Pan (1986), S. 133, gibt eine abweichende, in der Größenordnung aber ähnliche Komplexität $O(Lm^{3,5})$ an, die durch algorithmische Verfeinerungen noch auf das Polynomial $P(L,m)=Lm^{3,165}$ reduziert wird (S. 134).

436) Karmarkar und Derigs messen den codierten Problemumfang L in unterschiedlicher Weise; Karmarkar nimmt in seiner Komplexitätsargumentation auf die Restriktionen-Anzahl m keinen Bezug.

437) Vgl. Derigs (1986), S. 54. Ein abweichendes, nicht auf den codierten Problemumfang L, dafür aber auf die Lösungsgenauigkeit Bezug nehmendes Polynomial gibt Schönlein (1986), S. 352, an.

rithmus - im Fall der worst case-Analyse und bezüglich der Variablenanzahl n - effizienter als der Khachiyan-Algorithmus[438].

Diese Entwicklung neuer Lösungsalgorithmen für das Problem der linearen Optimierung läßt das o.a. Validitätsdefizit der Komplexitätstheorie für das Konzept der Problemkomplexität im schwachen Sinne deutlich hervortreten. Obwohl sich das zugrundeliegende Problem in keiner Weise änderte, verschob sich das Urteil über "seine" Komplexität durch neue algorithmische Konzepte. Mußte das lineare Optimierungsproblem ehemals - auf der Basis der damals bekannten Lösungsalgorithmen - noch zur Klasse NP gerechnet werden[439], so ist es heute als ein Mitglied der Klasse P erwiesen.

Um so überraschender ist es, daß sich diese theoretisch effizienten Algorithmen bei der Anwendung auf einzelne Ausprägungen linearer Optimierungsprobleme keineswegs praktisch effizienter als der Simplex-Algorithmus herausstellten. Mehrere empirische Analysen wurden ausgeführt, in denen der Lösungsaufwand dieser Algorithmen anhand von "repräsentativen" Testproblemen untersucht wurde. Zumeist erfolgte ein Vergleich mit dem Lösungsaufwand des Simplex-Algorithmus als Maßstab für die praktische Effizienz.

---

438) Vgl. Karmarkar (1984), S. 373 u. 377; Hooker (1986), S. 77; Tardos (1986), S. 250.

439) Die Komplexität des linearen Optimierungsproblems konnte zwar früher als polynomial beschränkt vermutet werden. Entsprechend rechneten einige Autoren dieses Problem auch noch nicht der Klasse NP zu, sondern bezeichneten seine Zugehörigkeit zur Klasse P als offenes Problem; vgl. etwa Bachem (1980), S. 833; Schrader (1983), S. 1. Doch widersprechen sich die Offenheit bezüglich der Zugehörigkeit zur Klasse P und die Gewißheit der Mitgliedschaft zur Klasse NP nicht, weil P eine Teilklasse von NP bildet. Folgerichtig bezeichnete Garey (1979), S. 155, das Problem der linearen Optimierung noch als NP-komplex.

138

Aus den Ergebnissen dieser Studien wird allgemein
der Schluß gezogen, der Khachiyan-[440] und der Karmarkar-Algorithmus[441], deren polynomiale Beschränktheit
oben dargelegt wurde, seien dem Simplex-Algorithmus in
der Praxis - zumindest derzeit - deutlich unterlegen.
Allerdings liegen im Hinblick auf den Karmarkar-Algorithmus erste Hinweise vor, daß sein durchschnittlicher

---

440) Vgl. die Ergebnisse von empirischen Effizienzstu-
dien bezüglich des Khachiyan-Algorithmus, die bei
Schönlein (1981), S. 120f., wiedergegeben werden.
Vgl. auch Bland (1981), S. 1077; Weber (1982), S.
B/230; Lenstra (1982), S. 204; Schrader (1983), S.
12; Kolata (1984), S. 1379; Derigs (1986), S. 51;
Hooker (1986), S. 77. Schönlein (1981) führt die
Ansicht von Rosen und Frawley an, der Khachiyan-
Algorithmus sei "- zumindest für kleine Probleme -
nicht nur ineffizient, sondern auch numerisch in-
stabil" (S. 120). Er ergänzt die Ansicht von Mc
Call, dieser Algorithmus besäße "keinerlei prakti-
sche Bedeutung" (S. 121). Im Sinne der praktischen
Bedeutungslosigkeit äußern sich auch Traub (1982),
S. 59; Parker (1982a), S. 7; Schönlein (1986), S.
344; Derigs (1986), S. 51. Vgl. des weiteren Dantzig (1979), S. 2f., und das artifiziell anmutende,
aber Schwächen des Khachiyan-Algorithmus heraus-
kehrende Beispiel bei Bland (1981), S. 1085f.

441) Vgl. hinsichtlich der empirischen Analysen des
Karmarkar-Algorithmus, die zumindest dessen angeb-
liche Überlegenheit noch nicht zu bestätigen ver-
mochten, die skeptischen Anmerkungen von Schönlein
(1986), S. 344 u. 353; Derigs (1986), S. 55; Hooker (1986), S. 77 u. 85. Ungeachtet dieser empirischen Erfahrungen soll der Anspruch erhoben werden, der Karmarkar-Algorithmus sei dem Simplex-
Algorithmus nicht nur theoretisch, sondern - bei
großen Problemausprägungen - auch praktisch über-
legen, d.h. der erste weise einen geringeren
durchschnittlichen Lösungsaufwand als der zweite
auf; vgl. Fricker (1985), S. 32; Hooker (1986), S.
75ff.; Derigs (1986), S. 51 u. 55; Schönlein
(1986), S. 344 u. 353. Bei Karmarkar (1984) findet
sich allerdings keine klare Aussage, welche den
behaupteten Überlegenheitsanspruch decken würde.
Dieser rührt vermutlich von der etwas euphorischen
Darstellung in Kolata (1984), S. 1379f., her.

Lösungsaufwand für reale Probleme tatsächlich geringer als der des Simplex-Algorithmus sein könnte[442].

Während sich der Simplex-Algorithmus bei der average case-Analyse deutlich effizienter als unter den Annahmen der worst case-Analyse verhält[443], liegen die Relationen von durchschnittlicher und schlechtest möglicher Effizienz bei den polynomial beschränkten Algorithmen nicht derart eindeutig fest. Zumindest die Komplexität des Khachiyan-, u.U. auch die des Karmarkar-Algorithmus fällt für den average case nicht deutlich niedriger aus als für den worst case[444].

Hiermit wird die oben vorgetragene[445] komplexitätstheoretische Vermutung empirisch widerlegt, ein Lösungsalgorithmus sei praktisch effizient, wenn er sich theoretisch als polynomial beschränkt erweise. In dieser Hinsicht haben neuartige Algorithmen des Operations Research befruchtend - hier: korrigierend - auf die Komplexitätstheorie zurückgewirkt.

---

442) Vgl. die Ausführungen von Hooker (1986), S. 86, zu den Tests von Adler et al. Besonders interessant ist hierbei der Umstand, daß die relative Geschwindigkeit des Karmarkar-Algorithmus, die auf die (absolute) Lösungsgeschwindigkeit des Simplex-Algorithmus bezogen ist, mit zunehmendem Problemumfang wächst. Allerdings muß auch festgehalten werden, daß die Implementierung von Adler et al. als affine Skalierungs-Methode mit dem Karmarkar-Algorithmus - einer projektiven Skalierungs-Methode - nicht identisch, sondern mit diesem nur konzeptionell eng verwandt ist; vgl. zu diesem Unterschied Hooker (1986), S. 76 u. 86. Vgl. zu den stimulierenden Effizienztests des Karmarkar-Algorithmus auch Frenkel (1986), S. 111.

443) Vgl. Schrader (1982), S. 267; vgl. auch das plastische Beispiel bei Klee (1972), S. 175.

444) Vgl. Dantzig (1979), S. 3, in bezug auf den Khachiyan-Algorithmus.

445) Vgl. S. 52.

Ein derzeit noch nicht überzeugend eingelöstes Forschungsvorhaben der Komplexitätstheorie erstreckt sich daher auf die Suche nach Lösungsalgorithmen für lineare Optimierungsprobleme, die einerseits theoretisch effizient sind und sich anderseits praktisch mindestens genau so effizient verhalten wie der Simplex-Algorithmus. Solange diese Suche noch zu keinem allgemein anerkannten Erfolg geführt hat, kann die Vermutung, daß ein trade off der Lösungseffizienz von Problemen in bezug auf die Betrachtung entweder durchschnittlicher oder aber schlechtest möglicher Fälle bestehe, nicht widerlegt werden. Die o.a. neuesten Resultate bezüglich der Komplexität des Karmarkar-Algorithmus[446] bei average case-Analysen lassen es jedoch begründet erscheinen, diese Widerlegung in näherer Zukunft zu erwarten.

---

446) Von der Differenzierung zwischen affiner und projektiver Skalierungsmethode, die in Fußnote 442) angesprochen wurde, wird hier abgesehen.

Literaturverzeichnis

Appel (1977):
Appel,K. u. W. Haken: The Solution of the Four-Color-
Map Problem, in: Scientific Amaerican, Vol. 237 (1977),
No. 4, S. 108-121.

Araki (1976):
Araki,T. u. T. Kasami: Some Undecidable Problems for
Petri Nets, in: Systems, Computers, Controls, Vol. 7
(1976), No. 1, S. 20-28.

Araki (1977a):
Araki,T. u. T. Kasami: Some Decision Problems Related
to the Reachability Problem for Petri Nets, in: Theoretical Computer Science, Vol. 3 (1977), S. 85-104.

Araki (1977b):
Araki,T. u. T. Kasami: Decidable Problems on the Strong
Connectivity of Petri Net Reachability Sets, in: Theo-
retical Computer Science, Vol. 4 (1977), S. 99-119.

Asser (1959):
Asser,G.: Turing-Maschinen und Markowsche Algorithmen,
in: Zeitschrift für mathematische Logik und Grundlagen
der Mathematik, Bd. 5. (1959), S. 346-365.

Bachem (1980):
Bachem,A.: Komplexitätstheorie im Operations Research,
in: Zeitschrift für Betriebswirtschaft, 50. Jg. (1980),
S. 812-844.

Baker (1973):
Baker,H.G.: Rabin's Proof of the Undecidability of the
Reachability Set Inclusion Problem of Vector Addition
Systems, Computation Structures Group Memo 79, Project
MAC am Massachusetts Institute of Technology, o.O.
(Cambridge/Massachusetts) 1973.

Baur (1976):
Baur,W.: Zeitlich beschränkte Turingmaschinen und poly-
nomiale Reduktion, in: Specker,E. u. V. Strassen
(Hrsg.): Komplexität von Entscheidungsproblemen, Lec-
ture Notes in Computer Science 43, Berlin - Heidelberg
- New York 1976, S. 11-19.

Beensen (1971):
Beensen,R.: Komplexitätsbeherrschung in den Wirt-
schaftswissenschaften, Berlin 1971.

Benito (1978):
Benito,F. u. H. Gröflin: Optimierungsprobleme mit nicht
polynomial begrenzten Algorithmen, in: Liebling,T.M. u.
M. Rössler (Hrsg.): Kombinatorische Entscheidungsprobleme: Methoden und Anwendungen, Lecture Notes in Economics and Mathematical Systems 153, Berlin - Heidelberg - New York 1978, S. 81-121.

Bland (1981):
Bland,R.G., D. Goldfarb u. M.J. Todd: The Ellipsoid Method: A Survey, in: Operations Research, Vol. 29 (1981), S. 1039-1091.

Blazewicz (1980):
Blazewicz,J., J.K. Lenstra u. A.H.G. Rinnooy Kan: Scheduling Subject to Resource Constraints: Classification and Complexity, Preprint BW 127/80, stichting mathematisch centrum, afdeling mathematische besliskunde, Amsterdam 1980.

Böhling (1974):
Böhling,K.H. u. B. von Braunmühl: Komplexität bei Turingmaschinen, Mannheim - Wien - Zürich 1974.

Börger (1980):
Börger,E. u. H. Kleine Büning: The Reachability Problem for Petri Nets and Decision Problems for Skolem Arithmetic, in: Theoretical Computer Science, Vol. 11 (1980), S. 123-143.

Boolos (1974):
Boolos,G. u. R. Jeffrey: Computability and Logic, Cambridge (Großbritannien) 1974.

Borgwardt (1982):
Borgwardt,K.-H.: The Average Number of Pivot Steps Required by the Simplex-Method is Polynomial, in: Zeitschrift für Operations Research, Vol. 26 (1982), S. 157-177.

Borgwardt (1985):
Borgwardt,K.H.: Der durchschnittliche Rechenaufwand beim Simplexverfahren, in: Ohse,D., A.C. Esprester, H.-U. Küpper, P. Stähly u. H. Steckhan (Hrsg.): Operations Research Proceedings 1984, DGOR - Vorträge der 13. Jahrestagung, 12.-14.09.1984 in Sankt Gallen, Berlin - Heidelberg - New York - Tokyo 1985, S. 647-660.

Brauer (1968):
Brauer,W. u. K. Indermark: Algorithmen, rekursive Funktionen und formale Sprachen, Mannheim - Wien - Zürich 1968.

Brown (1981):
Brown,C.A. u. P.W. Purdom: How to Search Efficiently, in: Drinan,A. (Hrsg.): Proceedings of the Seventh International Joint Conference on Artificial Intelligence, IJCAI-81, 24.-28.08.1981 in Vancouver, Vol. 1, o.O. (Menlo Park) 1981, S. 588-594.

Brucker (1975):
Brucker,P., J.K. Lenstra u. A.H.G. Rinnooy Kan: Complexity of Machine Scheduling Problems, Preprint BW 43/75, stichting mathematisch centrum, afdeling mathematische besliskunde, Amsterdam 1975.

Brucker (1976a):
Brucker,P.: Die Komplexität von Scheduling Problemen,
in: Kohlas,J., O. Seifert, P. Stähly u. H.-J. Zimmermann (Hrsg.): Proceedings in Operations Research 5,
Vorträge der Jahrestagung 1975 - DGOR, Würzburg - Wien
1976, S. 357-368.

Brucker (1976b):
Brucker,P.: Anmerkungen zu heuristischen Verfahren, in:
Dathe,H.N., P. Mertens, F.D. Peschanel, H. Späth u. H.-
J. Zimmermann (Hrsg.): Proccedings in Operations Re-
search 6, Vorträge der Jahrestagung 1976 - DGOR, Würz-
burg - Wien 1976, S. 668-676.

Brucker (1976c):
Brucker,P.: NP-vollständige Scheduling-Probleme, in:
Noltemeier,H. (Hrsg.): Graphen, Algorithmen, Datenstrukturen, Ergebnisse des Workshops WG 76, 2. Fachta-
gung über Graphentheoretische Konzepte der Informatik,
16.-18.06.1976 in Göttingen, München - Wien 1976, S.
135-148.

Brucker (1979):
Brucker,P.: NP-Complete Operations Research Problems
and Approximation Algorithms, in: Zeitschrift für Operations Research, Bd. 23 (1979), S. 73-94.

Brucker (1981):
Brucker,P.: Scheduling, Wiesbaden 1981.

Burks (1966):
Burks,A.W. (Hrsg. und vervollständigender Verf.): Theory of Self-Reproducing Automata - John von Neumann, Urbana - London 1966.

Byrn (1974):
Byrn,W.H.: Sequential Processes, Deadlocks, and Sema-
phore Primitives, Dissertation am Department of Applied
Mathematics, Harvard University, Cambridge (Massachusetts) 1974.

Cardoza (1976):
Cardoza,E., R. Lipton u. A.R. Meyer: Exponential Space
Complete Problems for Petri Nets and Commutative Semi-
groups: Preliminary Report, in: Conference Record of
The Eigth Annual ACM Symposium on Theory of Computing,
3.-5.05.1976 in Hershey, New York 1976, S. 50-54.

Church (1936a):
Church,A.: An Unsolvable Problem of Elementary Number
Theory, in: American Journal of Mathematics, Vol. 58
(1936), S. 345-363.

Church (1936b):
Church,A.: A Note on the Entscheidungsproblem, in: The
Journal of Symbolic Logic, Vol. 1 (1936), S. 40-41.

Church (1936c):
Church,A.: Correction to A Note on the Entscheidungsproblem, in: The Journal of Symbolic Logic, Vol. 1
(1936), S. 101-102.

144

Clausen (1986):
Clausen,J. u. J. Krarup: Combinatorial Optimization:
Challenges and Trends, in: Streitferdt,L., H. Hauptmann, A.W. Marusev, D. Ohse u. U. Pape (Hrsg.): Operations Research Proceedings 1985, DGOR - Vorträge der
14. Jahrestagung, Berlin - Heidelberg - New York - Tokyo 1986, S. 24-46.

Coffman (1982):
Coffman,E.G., G.N. Frederickson u. G.S. Lueker: Proba-
bilistic Analysis of the LPT Processor Scheduling Heu-
ristic, in: in: Dempster,M.A.H., J.K. Lenstra u. A.H.G.
Rinnooy Kan (Hrsg.): Deterministic and Stochastic
Scheduling, Proceedings of the NATO Advanced Study and
Research Institute on Theoretical Approaches to Sched-
uling Problems, 6.-17.07.1981 in Durham, Dordrecht -
Boston - London 1982, S. 319-331.

Cohors-Fresenborg (1977):
Cohors-Fresenborg,E.: Mathematik mit Kalkülen und Maschinen, Braunschweig 1977.

Cook (1971):
Cook,S.A.: The Complexity of Theorem-Proving Proce-
dures, in: o.V.: Conference Record of the 3rd Annual
ACM Symposium on Theory of Computing, 1971 in Urbana,
o.O. (New York) 1971, S. 151-158.

Cook (1973):
Cook,S.A.: An Observation on Time-Storage Trade Off,
in: o.V.: Conference Record of the 5th Annual ACM Symposium on Theory of Computing, New York 1973, S. 29-33.

Cook (1983):
Cook,S.A.: An Overview of Computational Complexity, in:
Communications of the ACM, Vol. 26 (1983), S. 401-408.

Crespi-Reghizzi (1976):
Crespi-Reghizzi,S. u. D. Mandrioli: Some Algebraic Properties of Petri Nets, in: Alta Frequenza, Vol. 45
(1976), N. 2, S. 130-137.

Crespi-Reghizzi (1977):
Crespi-Reghizzi,S. u. D. Mandrioli: Petri Nets and Szi-
lard Languages, in: Information and Control, Vol. 33
(1977), S. 177-192.

Dantzig (1966):
Dantzig,G.B.: Lineare Programmierung und Erweiterungen,
Berlin - Heidelberg - New York 1966.

Dantzig (1979):
Dantzig,G.B.: Comments on Khachiyan's Algorithm for Linear Programming, Technical Report SOL 79-22 am Systems
Development Laboratory, Stanford University, Stanford
1979.

Davis (1958):
Davis,M.: Computability and Unsolvability, New York -
Toronto - London 1958.

Davis (1973a):
Davis,M.: Hilbert's Tenth Problem is Unsolvable, in:
The American Mathematical Monthly, Vol. 80 (1973), S.
233-269.

Davis (1973b):
Davis,M.: Hilbert's 10th Problem, in: Scientific American, Vol. 229 (1973), No. 5, S. 84-91.

Derigs (1985):
Derigs,U.: Neuere Ansätze in der Linearen Programmierung - Motivation, Konzepte und Verfahren, in: Streitferdt,L., H. Hauptmann, A.W. Marusev, D. Ohse u. U. Pape (Hrsg.): Operations Research Proceedings 1985, DGOR
- Vorträge der 14. Jahrestagung, Berlin - Heidelberg -
New York - Tokyo 1985, S. 47-58.

Dewdney (1984):
Dewdney,A.K.: Computer-Kurzweil: Eine Computerfamilie
für den fleißigen Biber ..., in: Spektrum der Wissenschaft, o.Jg. (1984), Heft 11, S. 8-16.

Dinkelbach (1979):
Dinkelbach,W.: Operations Research-Verfahren, in: Kern,
W. (Hrsg.): Handwörterbuch der Produktionswirtschaft,
Stuttgart 1979, Sp. 1379-1391.

Ecker (1977):
Ecker,K.: Organisation von parallelen Prozessen - Theorie deterministischer Schedules, Mannheim - Wien - Zürich 1977.

Ernst (1984):
Ernst,D., K. Garbrecht, E. Golling, F. Gudden, E. Hof-
meister, H. Kiemle, H. Morgenbrod, P. Müller-Stoy, H.
Stegmeier u. W. Urbach: Chancen mit Chips - Zwischenbi-
lanz einer Basistechnologie, Berlin - München 1984.

Fischer,M. (1974):
Fischer,M.J. u. M.O. Rabin: Super-Exponential Complexi-
ty Of Presburger Arithmetic, in: SIAM-AMS Proceedings,
Vol. 7 (1974), S. 27-41.

Fischer,P. (1965):
Fischer,P.C.: On Formalisms for Turing Machines, in:
Journal of the Association for Computing Machinery
(ACM), Vol. 12 (1965), S. 570-580.

Fisher (1980):
Fisher,M.L.: Worst-Case Analysis of Heuristic Algorithms, in: Management Science, Vol. 26 (1980), S. 1-
17.

Fisher (1982):
Fisher,M.L.: Worst-Case Analysis of Heuristic Algo-
rithms for Scheduling and Picking, in: Dempster,M.A.H.,
J.K. Lenstra u. A.H.G. Rinnooy Kan (Hrsg.): Determini-
stic and Stochastic Scheduling, Proceedings of the NATO
Advanced Study and Research Institute on Theoretical
Approaches to Scheduling Problems, 6.-17.07.1981 in
Durham, Dordrecht - Boston - London 1982, S. 15-34.

French (1982):
French,S.: Sequencing and Scheduling: An Introduction
to the Mathematics of the Job-Shop, New York - Chichester - Brisbane - Toronto 1982.

Frenkel (1986):
Frenkel,K.A.: Piecing Together Complexity, in: Communications of the ACM, Vol. 29 (1986), S. 110-111.

Frickler (1985):
Frickler,F.: Komplexe Optimierungsaufgaben schneller
lösen, in: Frankfurter Allgemeine Zeitung, Ausgabe vom
27.03.1985, S. 32.

Gacs (1981):
Gacs,P. u. L. Lovasz: Khachiyan's Algorithm for Linear
Programming, in: Mathematical Programming Studies, Vol.
14 (1981), S. 61-68.

Garey (1975):
Garey,M.R. u. D.S. Johnson: Complexity Results for Mul-
tiprocessor Scheduling under Resource Constraints, in:
SIAM Journal on Computing, Vol. 4 (1975), S. 397-411.

Garey (1976a):
Garey,M.R., D.S. Johnson u. R. Sethi: The Complexity of
Flowshop and Jobshop Scheduling, in: Mathematics of
Operations Research, Vol. 1 (1976), S. 117-129.

Garey (1976b):
Garey,M.R. u. D.S. Johnson: Approximation Algorithms
for Combinatorial Problems: An Annotated Bibliography,
in: Traub,J.F. (Hrsg.): Algorithms and Complexity - New
Directions and Recent Results, New York - San Francisco
- London 1976, S. 41-49.

Garey (1978):
Garey,M.R. u. D.S. Johnson: "Strong" NP-Completeness
Results: Motivation, Examples, and Implications, in:
Journal of the Association for Computing Machinery
(ACM), Vol. 25 (1978), S. 499-508.

Garey (1979):
Garey,M.R. u. D.S. Johnson: Computers and Intractabili-
ty - A Guide to the Theory of NP-Completeness, San
Francisco 1979.

Gass (1983):
Gass,S.I.: Decision-Aiding Models: Validation, Assessment, and Related Issues for Policy Analysis, in: Operations Research, Vol. 31 (1983), S. 603-631.

Gödel (1931):
Gödel,K.: Über formal unentscheidbare Sätze der Princi-
pia Mathematica und verwandter Systeme I, in: Monats-
hefte für Mathematik und Physik, 38. Bd. (1931), S.
173-198.

Goldberg (1984):
Goldberg,A. u. I. Pohl: Is Complexity Theory of Use to
AI?, in: Elithorn,A. u. R. Banerji (Hrsg.): Artificial
and Human Intelligence, Edited Review Papers presented
at the International NATO Symposium on Artificial and
Human Intelligence, im Oktober 1981 in Lyon, Amsterdam
- New York - Oxford 1984, S. 43-55.

Goldfarb (1979):
Goldfarb,D. u. W.Y. Sit: Worst Case Behavior of the
Steepest Edge Simplex Method, in: Discrete Applied
Mathematics, Vol. 1 (1979), S. 277-285.

Gonzalez (1978):
Gonzalez,T. u. S. Sahni: Flowshop and Jobshop Schedules: Complexity and Approximation, in: Operations Research, Vol. 26 (1978), S. 36-52.

Grabowski (1979):
Grabowski,J.: On Hack's Conjecture Concerning Reachability in Petri Nets, in: Elektronische Informationsverarbeitung und Kybernetik, Vol. 15 (1979), S. 339-354.

Grabowski (1980):
Grabowski,J.: Linear Methods in the Theory of Vector
Addition Systems I, in: Elektronische Informationsver-
arbeitung und Kybernetik, Vol. 16 (1980), S. 207-236.

Graham (1979):
Graham,R.L., E.L. Lawler, J.K. Lenstra u. A.H.G.
Rinnooy Kan: Optimization and Approximation in Deterministic Sequencing and Scheduling: A Survey, in: Hammer,
P.L., E.L. Johnson u. B.H. Korte (Hrsg.): Discrete Optimization II, Proceedings of the Advanced Research Institute on Discrete Optimization and Systems Applications, im August 1977 in Banff und Vancouver, zugleich:
Annals of Discrete Mathematics, Vol. 5 (1979), Amsterdam - New York - Oxford 1979, S. 287-326.

Grötschel (1981):
Grötschel,M., L. Lovasz u. A. Schrijver: The Ellipsoid
Method and its Consequences in Combinatorial Optimiza-
tion, in: Combinatorica, Vol. 1 (1981), S. 169-197.

Hack (1973):
Hack,M.(H.T.): A Petri Net Version of Rabin's Undecid-
ability Proof for Vector Addition Systems, Computer
Structures Group Memo 94, Project MAC am Massachusetts
Institute of Technology, Cambridge (Massachusetts)
1973.

Hack (1975):
Hack,M.H.T.: Decidability Questions for Petri Nets,
Dissertation am Department of Electrical Engineering,
Massachusetts Institute of Technology, Cambridge (Mas-
sachusetts) 1975.

Hack (1976):
Hack,M.(H.T.): The Equality Problem for Vector Addition
Systems is Undecidable, in: Theoretical Computer Sci-
ence, Vol. 2 (1976), S. 77-95.

Häussler (1976):
Häussler,A.: Polynomial beschränkte nichtdeterministi-
sche Turingmaschinen und die Vollständigkeit des aussagenlogischen Erfüllungsproblems, in: Specker,E. u. V.
Strassen (Hrsg.): Komplexität von Entscheidungsproblemen, Lecture Notes in Computer Science 43, Berlin -
Heidelberg - New York 1976, S. 20-35.

Hajek (1979):
Hajek,P.: Arithmetical Hierarchy and Complexity of Computation, in: Theoretical Computer Science, Vol. 8
(1979), S. 227-237.

Hall (1986):
Hall,N.G. u. W.T. Rhee: Average and worst-case analysis
of heuristics for the maximum tardiness problem, in:
European Journal of Operational Research, Vol. 26
(1986), S. 272-277.

Hansen (1979):
Hansen,P. u. B. Simeone: Report of the Session on
Structural Aspects of Discrete Problems, in: Hammer,
P.L., E.L. Johnson u. B.H. Korte (Hrsg.): Discrete Optimization I, Proceedings of the Advanced Research Institute on Discrete Optimization and Systems Applications, im August 1977 in Banff und Vancouver, zugleich:
Annals of Discrete Mathematics, Vol. 4 (1979), Amsterdam - New York - Oxford 1979, S. 177-181.

Hartmanis (1965):
Hartmanis,J. u. R.E. Stearns: On the Computational Com-
plexity of Algorithms, in: Transactions of the American
Mathematical Society, Vol. 117 (1965), S. 285-306.

Hartmanis (1976a):
Hartmanis,J. u. L. Berman: On Isomorphisms and Density
of NP and Other Complete Sets, in: o.V.: Conference Record of The Eigth Annual ACM Symposium on Theory of
Computing, 3.-5.05.1976 in Hershey, New York 1976, S.
30-40.

Hartmanis (1976b):
Hartmanis,J. u. J.E. Hopcroft: Independence results in
computer science, in: SIGACT Newsletter, No. 8 (1976),
S. 13-24.

Heinemann (1980):
Heinemann,B.: Teilklassen der selbst-modifizierenden
Netze, Bericht Nr. 69 am Fachbereich Informatik der
Universität Hamburg, Hamburg 1980.

Hermes (1937):
Hermes,H.: Definite Begriffe und berechenbare Zahlen,
in: Semesterberichte zur Pflege des Zusammenhangs von
Universität und Schule aus den mathematischen Semina-
ren, 10. Bd. (1937), S. 110-123.

Hermes (1952):
Hermes,H.: Maschinen zur Entscheidung von mathematischen Problemen, in: Mathematisch=physikalische Semesterberichte, Bd. II (1952), S. 179-189.

Hermes (1954):
Hermes,H.: Die Universalität programmgesteuerter Re-
chenmaschinen, in: Mathematisch=physikalische Semesterberichte, Bd. IV (1954), S. 42-53.

Hermes (1978):
Hermes,H.: Aufzählbarkeit, Entscheidbarkeit, Berechenbarkeit - Einführung in die Theorie der rekursiven
Funktionen, 3. Aufl., Berlin - Göttingen - Heidelberg
1978.

Herschel (1974):
Herschel,R.: Einführung in die Theorie der Automaten,
Sprachen und Algorithmen, München - Wien 1974.

Hilbert (1900):
Hilbert,D.: Mathematische Probleme. Vortrag, gehalten
auf dem internationalen Mathematiker-Kongreß zu Paris
1900., in: Nachrichten von der Königl(ichen) Gesellschaft der Wissenschaften zu Göttingen. Mathematisch-
physikalische Klasse aus dem Jahre 1900, Göttingen
1900, S. 253-297.

Hooker (1986):
Hooker,J.N.: Karmarkar's Linear Programming Algorithm,
in: Interfaces, Vol. 16 (1986), No. 4, S. 75-90.

Hopcroft (1974):
Hopcroft,J.E.: Complexity of Computer Computations, in:
Rosenfeld,J.L. (Hrsg.): Information Processing 74, Pro-
ceedings of the IFIP Congress 1974, 5.-10.08.1974 in
Stockholm, Amsterdam - London - New York 1974, S. 620-
626.

Hopcroft (1979):
Hopcroft,J.(E.) u. J.-J. Pansiot: On the Reachability
Problem for 5-Dimensional Vector Addition Systems, in:
Theoretical Computer Science, Vol. 8 (1979), S. 135-
159.

Hopcroft (1984):
Hopcroft,J.E.: Turingmaschinen, in: Spektrum der Wissenschaft, o.Jg. (1984), Heft 7, S. 34-49.

Howell (1987a):
Howell,R.R.; D.T. Huynh; L.E. Rosier u. H.-C. Yen: On
the Complexity of Containment, Equivalence, and Reachability for Finite and 2-Dimensional Vector Addition
Systems with States, in: Brandenburg,F.J.; G. Vidal-Na-
quet u. M. Wirsing (Hrsg.): STACS 87, 4th Annual Symposium on Theoretical Aspects of Computer Science, 19.-
21.02.1987 in Passau, Proceedings, Lecture Notes in
Computer Science 247, Berlin - Heidelberg - New York -
London - Paris - Tokyo 1987, S. 360-370.

Howell (1987b):
Howell,R.R. u. L.E. Rosier: Recent Results on the Com-
plexity of Problems Related to Petri Nets, in: Rozen-
berg,G. (Hrsg.): Advances in Petri Nets 1987, Lecture
Notes in Computer Science 266, Berlin - Heidelberg -
New York - London - Paris - Tokyo 1987, S. 45-72.

Hughes (1978):
Hughes,C.E.: The Equivalence of Vector Addition Systems
to a Subclass of Post Canonical Systems, in: Information Processing Letters, Vol. 7 (1978), S. 201-204.

Huynh (1986):
Huynh,D.T.: A Superexponential Lower Bound for Gröbner
Bases and Church-Rosser Commutative Thue Systems, in:
Information and Control, Vol. 68 (1986), S. 196-206.

Jantzen (1980):
Jantzen,M. u. R. Valk: Formal Properties of Place/
Transition Nets, in: Brauer,W. (Hrsg.): Net Theory and
Applications, Proceedings of the Advanced Course on Ge-
neral Net Theory of Processes and Systems, 8.-19.10.
1979 in Hamburg, Lecture Notes in Computer Science 84,
Berlin - Heidelberg - New York 1980, S. 165-212.

Jantzen (1983):
Jantzen,M.: The Large Markings Problem, in: Special
Interest Group "Petri Nets and Related System Models"
der Gesellschaft für Informatik, Newsletter 14 (1983),
S. 24-25.

Jeroslow (1973):
Jeroslow,R.G.: There Cannot be any Algorithm for Integer Programming with Quadratic Constraints, in: Operations Research, Vol. 21 (1973), S. 221-224.

Johnson (1981):
Johnson,D.S.: The NP-Completeness Column: An Ongoing
Guide, in: Journal of Algorithms, Vol. 2 (1981), S.
393-405.

Jones (1977):
Jones,N.D., L.H. Landweber u. Y.E. Lien: Complexity of
Some Problems in Petri Nets, in: Theoretical Computer
Science, Vol. 4 (1977), S. 277-299.

Kaphengst (1958):
Kaphengst,H.: Eine abstrakte programmgesteuerte Rechen-
maschine, in: Zeitschrift für mathematische Logik und
Grundlagen der Mathematik, Bd. 4 (1958), S. 366-379.

Kalmar (1955):
Kalmar,L.: Über ein Problem, betreffend die Definition
des Begriffes der allgemein-rekursiven Funktion, in:
Zeitschrift für Mathematische Logik und Grundlagen der
Mathematik, Bd. 1 (1955), S. 93-96.

Karmarkar (1984):
Karmarkar,N.: A New Polynomial-Time Algorithm for Linear Programming, in: Combinatorica, Vol. 4 (1984), S.
373-395.

Karp (1972):
Karp,R.M.: Reducibility Among Combinatorial Problems,
in: Miller,R.E. u. J.W. Thatcher (Hrsg.): Complexity of
Computer Computations, Proceedings of a Symposium on
the Complexity of Computer Computations, 20.-22.03.1972
in New York, New York - London 1972, S. 85-103.

Karp (1975a):
Karp,R.M.: The Fast Approximate Solution of Hard Combinatorial Problems, in: o.V.: Proceedings of the 6th
South-Eastern Conference on Combinatorics, Graph Theory, and Computing, Winnipeg 1975, S. 15-31.

Karp (1975b):
Karp,R.M.: On the Computational Complexity of Combinatorial Problems, in: Networks, Vol. 5 (1975), S. 45-68.

Karp (1976):
Karp,R.M.: The Probabilistic Analysis of Some Combinatorial Search Algorithms, in: Traub,J.F. (Hrsg.): Algorithms and Complexity - New Directions and Recent Re-
7sults, New York - San Francisco - London 1976, S. 1-
19.

Karp (1977):
Karp,R.M.: Probabilistic Analysis of Partitioning Algorithms for the Traveling-Salesman Problem in the Plane,
in: Mathematics of Operations Research, Vol. 2 (1977),
S. 209-224.

Karp (1985):
Karp,R.M., J.K. Lenstra, C.J.H. McDiarmid u. A.H.G.
Rinnooy Kan: Probabilistic Analysis, in: O'hEigear-
taigh,M., J.K. Lenstra u. A.H.G. Rinnooy Kan (Hrsg.):
Combinatorial Optimization - Annotated Bibliographies,
Chichester - New York - Brisbane - Toronto - Singapore
1985, S. 52-88.

Karp (1986):
Karp,R.M.: Combinatorics, Complexity, and Randomness,
in: Communications of the ACM, Vol. 29 (1986), S. 98-
109.

Kawamura (1977):
Kawamura,K. u. D.W. Malone: Probing Complexity in Social Systems Through Interpretive Structural Modeling,
in: Finsterbusch,K. u. C.P. Wolf (Hrsg.): Methodology
of Social Impact Assessment, Stroudsburg 1977, S. 347-
354.

Keramidis (1979):
Keramidis,S. u. W. Grote: Beiträge zur Lösung des Ver-
klemmungsproblems in prioritätsfreien Betriebsmittelma-
schinen und Petri-Netzen, Arbeitsberichte des Instituts
für Mathematische Maschinen und Datenverarbeitung (Informatik) an der Universität Erlangen-Nürnberg, Bd. 12,
Nr. 9, Erlangen 1979.

Khachiyan (1979):
Khachiyan,L.G.: A Polynomial Algorithm in Linear Programming, in: Soviet Mathematics Doklady, Vol. 20
(1979), No. 1, S. 191-194. (Anmk.: Die Schreibweise
"Khachiyan" lehnt sich an die überwiegend übliche
Transkription des kyrillischen Originals an. In der
o.a. Quelle wird die seltenere Transkription "Hacijan"
verwendet.)

Kindervater (1985):
Kindervater,G.A.P. u. J.K. Lenstra: Parallel Algorithms, in: O'hEigeartaigh,M., J.K. Lenstra u. A.H.G. Rinnooy Kan (Hrsg.): Combinatorial Optimization - Annotated Bibliographies, Chichester - New York - Brisbane - Toronto - Singapore 1985, S. 106-128.

Kirsch (1978):
Kirsch,W.: Die Handhabung von Entscheidungsproblemen, München 1978.

Klee (1972):
Klee,V. u. G.J. Minty: How Good Is the Simplex Algorithm?, in: Shisha,O. (Hrsg.): Symposium on Inequalities III, New York 1972, S. 159-175.

Kleene (1936):
Kleene,S.C.: λ-Definability and Recursiveness, in: Duke Mathematical Journal, Vol. 2 (1936), S. 340-353.

Kleene (1952):
Kleene,S.C.: Introduction to Metamathematics, Amsterdam - Groningen 1952.

Kolata (1984):
Kolata,G.: A Fast Way to Solve Hard Problems, in: Science, Vol. 225 (1984), S. 1379-1380.

Korte (1985):
Korte,B.: Was ist kombinatorische Optimierung?, Report No. 85370-OR am Institut für Ökonometrie und Operations Research, Abteilung Operations Research an der Universität Bonn, Bonn 1985.

Kosaraju (1982):
Kosaraju,R.: Decidability of Reachability in Vector Addition Systems - Perliminary Version, in: o.V.: Conference Record of the 14th Annual ACM Symposium on Theory of Computing, o.O. (New York) 1982, S. 267-281.

Lambert (1987):
Lambert,J.L.: Consequences of the Decidability of the Reachability Problem for Petri Nets, in: o.V.: Papers presented at the 8th European Workshop on Application and Theory of Petri Nets, 24.-26.06.1987 in Zaragoza, o.O. 1987, S. 451-470.

Lawler (1976):
Lawler,E.L.: Combinatorial Optimization: Networks and Matroids, New York - Chicago - ... - London - Sydney 1976.

Lenstra (1976):
Lenstra,J.K. u. A.H.G. Rinnooy Kan: A Note on the Expected Performance of Branch-and-Bound Algorithms, Prepublication BW 63/76, stichting mathematisch centrum, afdeling mathematische besliskunde, Amsterdam 1976.

Lenstra (1977):
Lenstra,J.K., A.H.G. Rinnooy Kan u. P. Brucker: Complexity of Machine Scheduling Problems, in: Hammer,P.L.,
E.L. Johnson, B.H. Korte u. G.L. Nemhauser (Hrsg.): Annals of Discrete Mathematics, Vol. 1 (1977), Studies in
Integer Programming, Amsterdam - New York - Oxford
1977, S. 343-362.

Lenstra (1978):
Lenstra,J.K. u. A.H.G. Rinnooy Kan: Complexity of
Scheduling under Precedence Constraints, in: Operations
Research, Vol. 26 (1978), S. 22-35.

Lenstra (1979):
Lenstra,J.K. u. A.H.G. Rinnooy Kan: Computational Complexity of Discrete Optimization Problems, in: Hammer,
P.L., E.L. Johnson u. B.H. Korte (Hrsg.): Discrete Optimization I, Proceedings of the Advanced Research Institute on Discrete Optimization and Systems Applications, im August 1977 in Banff und Vancouver, zugleich:
Annals of Discrete Mathematics, Vol. 4 (1979), Amsterdam - New York - Oxford 1979, S. 121-140.

Lenstra (1982):
Lenstra,J.K., A.H.G. Rinnooy Kan u. P. van Emde Boas:
An appraisal of computational complexity for operations
researchers, in: European Journal of Operational Research, Vol. 11 (1982), S. 201-210.

Li (1984):
Li,G. u. B.W. Wak: How to Cope With Anomalies in Paral-
lel Approximate Branch-And-Bound Algorithms, in: o.V.:
Proceedings of the Fourth Annual National Conference on
Artificial Intelligence (AAAI-84), 1984 in Austin, Los
Altos 1984, S. 212-215.

Lipton (1975):
Lipton,R.L.: The Reachability Problem Requires Exponen-
tial Space, Report No. 62 am Department of Computer
Science, Yale University, New Haven 1975.

Lipton (1978):
Lipton,R.L.: Model Theoretic Aspects of Computational
Complexity, in: o.V.: Proceedings of 19th Annual Sympo-
sium on Foundations of Computer Science, New York 1978,
S. 193-200.

Ludewig (1983):
Ludewig,J., U. Schult u. F. Wankmüller: Chasing the Bu-
sy-Beaver - Notes and Observations on a Competition to
Find the 5-State Busy Beaver, Bericht Nr. 159 an der
Abteilung Informatik II der Universität Dortmund, Dort-
mund 1983.

Lucas (1961):
Lucas,J.R.: Minds, Machines, and Gödel, in: Philosophy,
Vol. 36 (1961), S. 112-127.

Luhmann (1980):
Luhmann,N.: Komplexität, in: Grochla,E. (Hrsg.): Handwörterbuch der Organisation, 2. Aufl., Stuttgart 1980, Sp. 1064-1070.

Manders (1976):
Manders,K. u. L. Adleman: NP-Complete Decision Problems for Quadratic Polynomials, in: o.V.: Conference Record of The Eigth Annual ACM Symposium on Theory of Computing, 3.-5.05.1976 in Hershey, New York 1976, S. 23-29.

Matijasevic (1970):
Matijasevic,J.V.: Enumerable Sets Are Diophantine, in: Soviet Mathematics Doklady, Vol. 11 (1970), S. 354-358.

Mayr (1977):
Mayr,E.W.: The Complexity of the Finite Containment Problem for Petri Nets, Technical Report TR-181 am Laboratory for Computer Science, Massachusetts Institute of Technology, Cambridge (Massachusetts) 1977. (Anmk.: auch veröffentlicht in: Journal of the Association for Computing Machinery (ACM), Vol. 28 (1981), S. 561-576.)

Mayr (1980):
Mayr,E.W.: Ein Algorithmus für das allgemeine Erreichbarkeitsproblem bei Petrinetzen und damit zusammenhängende Probleme, Dissertation and der Technischen Universität München, München 1980.

Mayr (1981):
Mayr,E.W.: An Algorithm for the General Petri Net Reachability Problem, in: o.V.: Conference Record of the 13th Annual ACM Symposium on Theory of Computing, 1981 in Milwaukee, o.O. (New York) 1981, S. 238-246.

Mayr (1984):
Mayr,E.W.: An Algorithm for the General Petri Net Reachability Problem, in: SIAM Journal on Computing, Vol. 13 (1984), S. 441-460.

Mehlhorn (1977):
Mehlhorn,K.: Effiziente Algorithmen, Stuttgart 1977.

Mehlhorn (1986):
Mehlhorn,K.: Datenstrukturen und Algorithmen, Bd. 1: Sortieren und Suchen, Stuttgart 1986.

Meyer (1972):
Meyer,A.R. u. L.J. Stockmeyer: The Equivalence Problem for Regular Expressions with Squaring Requires Exponential Space, in: o.V.: Proceedings of the 13th Annual IEEE Symposium on Switching and Automata Theory, o.O. 1972, S. 125-129.

Minsky (1971):
Minsky,M.L.: Berechnung: Endliche und unendliche Maschinen, Stuttgart - Berlin - Köln - Mainz 1971.

Müller (1980):
Müller,H.: Decidability of Reachability in Persistent
Vector Replacement Systems, in Dembinski,P. (Hrsg.):
Mathematical Foundations of Computer Science 1980, Pro-
ceedings of the 9th Symposium, 1.-5.09.1980 in Rydzyna,
Lecture Notes in Computer Science 88, Berlin - Heidel-
berg - New York 1980, S. 426-438.

Müller (1982):
Müller,H.: Filling a gap in Kosaraju's proof for the
decidability of the reachability problem in VAS, in:
Special Interest Group "Petri Nets and Related System
Models" der Gesellschaft für Informatik, Newsletter 12
(1982), S. 4-10.

Müller (1983a):
Müller,H.: On Kosaraju's Proof of the Reachability
Problem for Vector Addition Systems, in: Priese,L.
(Hrsg.): Report on the 1st GTI-Workshop, 10-16.10.1982
in Paderborn, Bericht Nr. 13 der Reihe Theoretische In-
formatik an der Universität Paderborn, Paderborn 1983,
S. 174-183.

Müller (1983b):
Müller,H.: The Reachability Problem for VAS, in: o.V.:
Papers presented at the 4th European Workshop on Appli-
cations and Theory of Petri Nets, 26.-29.09.1983 in
Toulouse, o.O. 1983, S. 4-5.

Müller (1983c):
Müller,H.: ergänzender Vortrag, gehalten am 27.09.1983
anläßlich des 4th European Workshop on Applications and
Theory of Petri Nets, 26.-29.09.1983 in Toulouse (ohne
Skript).

Müller (1985a):
Müller,H.: The Reachability Problem for VAS, in: Rozen-
berg,G. (Hrsg.): Advances in Petri Nets 1984, Lecture
Notes in Computer Science 188, Berlin - Heidelberg -
New York - Tokyo 1985, S. 376-391.

Müller (1985b):
Müller,H.: Weak Petri Net Computers for Ackermann Func-
tions, in: Elektronische Informationsverarbeitung und
Kybernetik, Vol. 21 (1985), S. 236-246.

Müller-Merbach (1976):
Müller-Merbach,H.: Morphologie heuristischer Verfahren,
in: Zeitschrift für Operations Research, Bd. 20 (1976),
S. 69-87.

Murata (1977):
Murata,T.: State Equation, Controllability, and Maximal
Matchings of Petri Nets, in: IEEE Transactions on Auto-
matic Control, Vol. AC-22 (1977), S. 412-416.

Myhill (1952):
Myhill,J.: Some Philosophical Implications of Mathematical Logic, in: The Review of Metaphysics, Vol. 6
(1952), S. 165-198.

Nagel (1964):
Nagel,E. u. J.R. Newman: Der Gödelsche Beweis, Wien - München 1964.

Niehuis (1986):
Niehuis,S. u. F. Victor: Modellierung von Pr/T-Netzen in Prolog, Arbeitspapiere der GMD (Gesellschaft für Mathematik und Datenverarbeitung mbH/Bonn), Nr. 231, Sankt Augustin 1986.

Niemeyer (1977):
Niemeyer,G.: Kybernetische System- und Modelltheorie - system dynamics, München 1977.

O'hEigeartaigh (1985):
O'hEigeartaigh,M., J.K. Lenstra u. A.H.G. Rinnooy Kan (Hrsg.): Combinatorial Optimization - Annotated Bibliographies, Chichester - New York - Brisbane - Toronto - Singapore 1985.

Ottmann (1975):
Ottmann,T.: Einfache universelle mehrdimensionale Turingmaschinen, Habilitationsschrift an der Universität Karlsruhe, Karlsruhe 1975.

Padberg (1980):
Padberg,M.W. u. M.R. Rao: The Russian Method for Linear Inequalities and Linear Optimization, Report an der New York University Graduate School of Business Administration, New York 1980.

Pan (1986):
Pan,V. u. J. Reif: Efficient Parallel Linear Programming, in: Operations Research Letters, Vol. 5 (1986), No. 3, S. 127-135.

Papadimitriou (1985):
Papadimitriou,C.H.: Computational Complexity, in: O'hEigeartaigh,M., J.K. Lenstra u. A.H.G. Rinnooy Kan (Hrsg.): Combinatorial Optimization - Annotated Bibliographies, Chichester - New York - Brisbane - Toronto - Singapore 1985, S. 39-51.

Parker (1982a):
Parker,R.G. u. R.L. Rardin: An Overview of Complexity Theory in Discrete Optimizations: Part I. Concepts, in: AIIE Transactions, Vol. 14 (1982), S. 3-10.

Parker (1982b):
Parker,R.G. u. R.L. Rardin: An Overview of Complexity Theory in Discrete Optimization: Part II. Results and Implications, in: AIIE Transactions, Vol. 14 (1982), S. 83-89.

Paul (1978):
Paul,W.J.: Komplexitätstheorie, Stuttgart 1978.

Peter (1957):
Peter,R.: Rekursive Funktionen, 2. Aufl., Berlin 1957.

Peterson (1977):
Peterson,J.L.: Petri Nets, in: Computing Surveys, Vol. 9 (1977), S. 223-252.

Peterson (1978):
Peterson,J.L.: An Introduction to Petri Nets, in: Tranter,W.H. (Hrsg.): Proceedings of the National Electronics Conference, Vol. 32, 16.-18.10.1978 in Chicago, Oak Brook 1978, S. 144-148.

Peterson (1981):
Peterson,J.L.: Petri Net Theory and the Modeling of Systems, Englewood Cliffs 1981.

Pfohl (1977):
Pfohl,H.-C.: Problemorientierte Entscheidungsfindung in Organisationen, Berlin - New York 1977.

Pinedo (1982):
Pinedo,M.: On the Computational Complexity of Stochastic Scheduling Problems, in: Dempster,M.A.H., J.K. Lenstra u. A.H.G. Rinnooy Kan (Hrsg.): Deterministic and Stochastic Scheduling, Proceedings of the NATO Advanced Study and Research Institute on Theoretical Approaches to Scheduling Problems, 6.-17.07.1981 in Durham, Dordrecht - Boston - London 1982, S. 355-365.

Post (1936):
Post,E.L.: Finite Combinatory Processes - Formulation I, in: The Journal of Symbolic Logic, Vol. 1 (1936), S. 103-105.

Post (1944):
Post,E.L.: Recursively Enumerable Sets of Positive Integers and Their Decision Problems, in: Bulletin of the American Mathematical Society, Vol. 50 (1944), S. 284-316.

Priese (1979):
Priese,L.: Towards a Precise Characterization of the Complexity of Universal and Nonuniversal Turing Machines, in: SIAM Journal on Computing, Vol. 8 (1979), S. 508-523.

Putnam (1966):
Putnam,H.: Minds and Machines, in: Hook,S. (Hrsg.): Dimensions of Mind, 3. Aufl, New York - London 1966, S. 138-164.

Putnam (1973):
Putnam,H.: Recursive Functions and Hierarchies, in: Papers in the Foundation of Mathematics, published as a supplement to the American Mathematical Monthly, Vol. 80 (1973), S. 68-86.

Rabin (1976):
Rabin,M.O.: Probabilistic Algorithm, in: Traub,J.F. (Hrsg.): Algorithms and Complexity - New Directions and Recent Results, New York - San Francisco - London 1976, S. 21-39.

Rado (1962):
Rado,T.: On Non-Computable Functions, in: The Bell System Technical Journal, Vol. 41 (1962), S. 877-884.

Rardin (1982):
Rardin,R.L. u. B.W. Lin: Test Problems for Computational Experiments -- Issues and Techniques, in: Mulvey,
J.M. (Hrsg.): Evaluating Mathematical Programming Techniques, Proceedings of a Conference, Held at the National Bureau of Standards, 5.-6.01.1981 in Boulder, Lecture Notes in Economics and Mathematical Systems 199,
Berlin - Heidelberg - New York 1982, S. 8-15.

Reisig (1987):
Reisig,W.: Place/Transition Systems, in: Brauer,W., W.
Reisig u. G. Rozenberg (Hrsg.): Petri Nets: Central Mo-
dels and Their Properties, Advances in Petri Nets 1986,
Part I, Proceedings of an Advanced Course, 8.-19.09.
1986 in Bad Honnef, Lecture Notes in Computer Science
254, Berlin - Heidelberg - New York - London - Paris -
Tokyo 1987, S. 117-141.

Rinnooy Kan (1976):
Rinnooy Kan,A.H.G.: Machine Scheduling Problems - Classification, complexity and computations, Dissertation
an der Universität Amsterdam 1976, Leiden 1976.

Robinson (1962):
Robinson,J.: The Undecidability of Exponential Diophan-
tine Equations, in: Nagel,E., P. Suppes u. A. Tarski
(Hrsg.): Logic, Methodology and Philosophy of Science,
Proceedings of the 1960 International Congress, Stan-
ford 1962, S. 12-13.

Rogers (1967):
Rogers,H.: Theory of Recursive Functions and Effective
Computability, New York - Saint Louis - ... - London -
Sydney 1967.

Sacerdote (1977):
Sacerdote,G.S. u. R.L. Tenney: The Decidability of the
Reachability Problem for Vector Addition Systems, in:
o.V.: Conference Record of the 9th Annual ACM Symposium
on Theory of Computing, 2.-4.05.1977 in Boulder (Colo-
rado), New York 1977, S. 61-76.

Sahni (1974):
Sahni,S. u. T. Gonzalez: P-Complete Problems and Appro-
ximate Solutions, in: o.V.: Proceedings of the 15th
IEEE Annual Symposium on Switching and Automata Theory,
New York 1974, S. 28-32.

Sahni (1976):
Sahni,S.: Algorithms for Scheduling Independent Tasks,
in: Journal of the Association for Computing Machinery
(ACM), Vol. 23 (1976), S. 116-127.

Savage (1976):
Savage,J.E.: The Complexity of Computing, New York -
London - Sydney - Toronto 1976.

Schittkowski (1980):
Schittkowski,K.: Nonlinear Programming Codes, Lecture
Notes in Economics and Mathematical Systems 183, Berlin
- Heidelberg - New York 1980.

Schnorr (1974):
Schnorr,C.P.: Rekursive Funktionen und ihre Komplexität, Stuttgart 1974.

Schnorr (1976):
Schnorr,C.P.: The Network Complexity and the Turing Machine Complexity of Finite Functions, in: Acta Informatica, Vol. 7 (1976), S. 95-107.

Schönlein (1981):
Schönlein,A.: Der Algorithmus von Khachian, in: Angewandte Informatik, 23. Jg. (1981), S. 115-121.

Schönlein (1986):
Schönlein,A.: Der Algorithmus von Karmarkar - Idee, Realisation, Beispiel und numerische Erfahrungen, in: Angewandte Informatik, 28. Jg. (1986), S. 344-353.

Schrader (1982):
Schrader,R.: Ellipsoid Methods, in: Korte,B. (Hrsg.): Modern Applied Mathematics, Optimization and Operations Research, Amsterdam - New York - Oxford 1982, S. 265-311.

Schrader (1983):
Schrader,R.: The Ellipsoid Method and Its Implications, in: OR Spektrum, Bd. 5 (1983), S. 1-13.

Schuster (1976):
Schuster,P.: Probleme, die zum Erfüllungsproblem der Aussagenlogik polynomial äquivalent sind, in: Specker, E. u. V. Strassen (Hrsg.): Komplexität von Entscheidungsproblemen, Lecture Notes in Computer Science 43, Berlin - Heidelberg - New York 1976, S. 36-48.

Selman (1986):
Selman,A.L. (Hrsg.): Structure in Complexity Theory, Proceedings of the Conference of Structure in Complexity Theory, 2.-5.06.1986 in Berkeley, Berlin - Heidelberg - New York - Tokyo 1986.

Sethi (1977):
Sethi,R.: On the Complexity of Mean Flow Time Scheduling, in: Mathematics of Operations Research, Vol. 2 (1977), S. 320-330.

Shepherdson (1963):
Shepherdson,J.C. u. H.E. Sturgis: Computability of Recursive Functions, in: Journal of the Association for Computing Machinery (ACM), Vol. 10 (1963), S. 217-255.

Simon (1962):
Simon,H.A.: The Architecture of Complexity, in: Proceedings of the American Philosophical Society, Vol. 106 (1962), S. 467-482.

Simon (1976):
Simon,H.A. u. J.B. Kadane: Problems of Computational Complexity in Artificial Intelligence, in: Traub,J.F. (Hrsg.): Algorithms and Complexity - New Directions and Recent Results, New York - San Francisco - London 1976, S. 281-299.

Simon (1980):
Simon,H.: Grenzen der Rationalität in Entscheidungsprozessen, in: Journal für Betriebswirtschaftslehre, 30. Jg. (1980), S. 2-17.

Smale (1983):
Smale,S.: The Problem of the Average Speed of the Simplex Method, in: Bachem,A., M. Grötschel u. B. Korte (Hrsg.): Mathematical Programming - The State of the Art - Bonn 1982, Berlin - Heidelberg - New York - Tokyo 1983, S. 530-539.

Solovay (1977):
Solovay,R. u. V. Strassen: A Fast Monte-Carlo Test for Primality, in: SIAM Journal on Computing, Vol. 6 (1977), S. 84-85.

Starke (1980):
Starke,P.H.: Petri-Netze - Grundlagen, Anwendungen, Theorie, Berlin (Ost) 1980.

Stegmüller (1973):
Stegmüller,W.: Unvollständigkeit und Unentscheidbarkeit - Die metamathematischen Resultate von Gödel, Church, Kleene, Rosser und ihre erkenntnistheoretische Bedeutung, 3. Aufl., Wien - New York 1973.

Stockmeyer (1973):
Stockmeyer,L.J. u. A.R. Meyer: Word Problems Requiring Exponential Time - Preliminary Report, in: o.V.: Conference Record of the 5th Annual ACM Symposium on Theory of Computing, New York 1973, S. 1-9.

Stockmeyer (1979):
Stockmeyer,L.J. u. A.K. Chandra: Probleme mit nicht auffindbaren Lösungen, in: Spektrum der Wissenschaft, o.Jg. (1979), Heft 7, S. 86-90.

Streim (1975):
Streim,H.: Heuristische Lösungsverfahren - Versuch einer Begriffsklärung, in: Zeitschrift für Operations Research, Bd. 19 (1975), S. 143-162.

Szyperski (1983):
Szyperski,N. u. M. Eul-Bischoff: Interpretative Strukturmodellierung (ISM), Braunschweig - Wiesbaden 1983.

Tardos (1986):
Tardos,E.: A Strongly Polynomial Algorithm to Solve Combinatorial Linear Programs, in: Operations Research, Vol. 34 (1986), S. 250-256.

Traub (1982):
Traub,J.F. u. H. Wozniakowski: Complexity of Linear Programming, in: Operations Research Letters, Vol. 1 (1982), S. 59-62.

Turing (1937a):
Turing,A.M.: On Computable Numbers, With an Application to the Entscheidungsproblem, in: o.V.: Proceedings of the London Mathematical Society, Second Series, Vol. 42, London 1937, S. 230-265.

Turing (1937b):
Turing,A.M.: On Computable Numbers, With an Application
to the Entscheidungsproblem. A Correction, in: o.V.:
Proceedings of the London Mathematical Society, Second
Series, Vol. 43, London 1937, S. 544-546.

Turing (1937c):
Turing,A.M.: Computability and λ-Definability, in: The
Journal of Symbolic Logic, Vol. 2 (1937), S. 153-163.

Ullman (1973):
Ullman,J.D.: Polynomial Complete Scheduling Problems,
in: o.V.: Proceedings of the 4th Symposium on Operating
System Principles, Yorktown Heights 1973, S. 96-101.

Ullman (1975):
Ullman,J.D.: NP-Complete Scheduling Problems, in: Journal of Computer and System Sciences, Vol. 10 (1975), S.
384-393.

Ullman (1976):
Ullman,J.D.: Complexity of Sequencing Problems, in:
Coffman,E.G. (Hrsg.): Computer and Job-Shop Scheduling
Theory, New York - London - Sydney - Toronto 1976, S.
139-164.

Ulrich (1970):
Ulrich,H.: Die Unternehmung als produktives soziales
System, 2. Aufl., Bern - Stuttgart 1970.

Valiant (1978):
Valiant,L.G.: The Complexity of Combinatorial Computations: An Introduction, in: Giloi,W.K. (Hrsg.): GI - 8.
Jahrestagung, Berlin - Heidelberg - New York 1978, S.
326-337.

van Leeuwen (1974):
van Leeuwen,J.: A Partial Solution to the Reachability
Problem For Vector-Addition Systems, in: Conference Record: Papers presented on the 6th Annual ACM Symposium
on Theory of Computing, 1974 in Seattle, New York 1974,
S. 303-309.

von zur Gathen (1976):
von zur Gathen,J. u. M. Sieveking: Weitere zum Erfüllungsproblem polynomial äquivalente kombinatorische
Aufgaben, in: Specker,E. u. V. Strassen (Hrsg.): Komplexität von Entscheidungsproblemen, Lecture Notes in
Computer Science 43, Berlin - Heidelberg - New York
1976, S. 49-71.

Wang (1957):
Wang,H.: A Variant to Turing's Theory of Computing Ma-
chines, in: Journal of the Association for Computing
Machinery (ACM), Vol. 4 (1957), S. 63-92.

Weber (1982):
Weber,H.H.: Khachiyan's Algorithmus, in: Zeitschrift
für Operations Research, Bd. 26 (1982), S. B/229-B/240.

Wehr (1980):
Wehr,G.: Das M,N-Job-Shop-Scheduling Problem: Eine
Branch- and Bound-Methode mit verbesserten unteren
Schranken, neuen Verzweigungsstrategien und einem ef-
fektiven Einsatz heuristischer Lösungsmethoden, Disser-
tation an der Technischen Universität München 1980,
München 1980.

Weizenbaum (1982):
Weizenbaum,J.: Die Macht der Computer und die Ohnmacht
der Vernunft, 3. Aufl., Frankfurt 1982.

Yamada (1962):
Yamada,H.: Real-Time Computation and Recursive Func-
tions Not Real-Time Computable, in: IRE Transactions on
Electronic Computers, Vol. EC-11 (1962), S. 753-760.

Zelewski (1986):
Zelewski,S.: Das Leistungspotential der Künstlichen In-
telligenz - eine informationstechnisch-betriebswirt-
schaftliche Analyse, Bd. 1, 2 u. 3, Dissertation am Se-
minar für Allgemeine Betriebswirtschaftslehre und Fer-
tigungswirtschaft der Universität Köln 1985, Witter-
schlick/Bonn 1986.

Zervos (1977):
Zervos,C.R. u. K.B. Irani: Colored Petri Nets: Their
Properties and Applications, Dissertation und Technical
Report No. RADC-TR-77-246 am Department of Electrical
Engineering, University of Michigan, Ann Arbor 1977.